PIANO · VOCAL · GUITAR

Francis Albert   Antonio Carlos

Sinatra Jobim

The Complete Reprise Recordings

CONTENTS

2	**The Girl from Ipanema (Garôta de Ipanema)**
6	**Dindi**
10	**Change Partners**
15	**Quiet Nights of Quiet Stars (Corcovado)**
19	**Meditation (Meditação)**
22	**If You Never Come to Me (Inutil paisagem)**
25	**How Insensitive (Insensatéz)**
29	**I Concentrate on You**
34	**Baubles, Bangles and Beads**
37	**Once I Loved (Amor em paz) (Love in Peace)**
40	**Song of the Sabiá (Sabiá)**
44	**Água de Beber (Water to Drink)**
48	**Someone to Light Up My Life (Se todos fossem iguais a você)**
53	**Triste**
57	**Estrada Branca (This Happy Madness)**
62	**One Note Samba (Samba de uma nota so)**
65	**Don't Ever Go Away (Por Causa de você)**
68	**Wave**
72	**Desafinado (Off Key)**
79	**Bonita**

ISBN 978-1-4234-7339-8

HAL•LEONARD®
CORPORATION

7777 W. BLUEMOUND RD. P.O. BOX 13819 MILWAUKEE, WI 53213

Visit Hal Leonard Online at
www.halleonard.com

THE GIRL FROM IPANEMA
(Garôta de Ipanema)

Music by ANTONIO CARLOS JOBIM
English Words by NORMAN GIMBEL
Original Words by VINICIUS DE MORAES

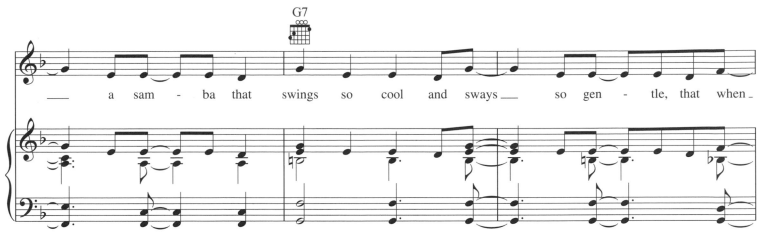

a sam - ba that swings so cool and sways __ so gen - tle, that when __

{ she pass - es, each one ___ she } pass - es goes "a-a-h!" ___
{ he pass - es, each girl ___ he }

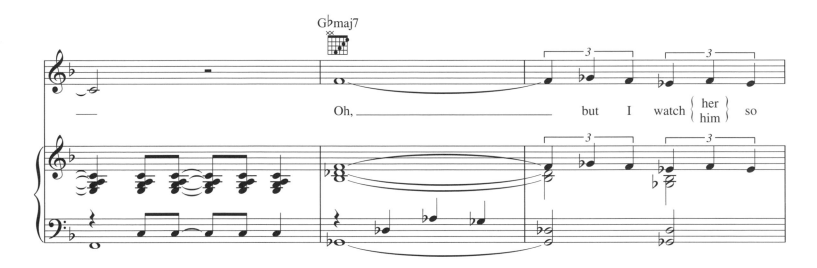

Oh, _____ but I watch { her / him } so

sad - ly. _____ How _____

— can I tell { her / him } I love { her? / him? } Yes, —

————— I would give my heart glad - ly, —————

— but each day when { she / he } walks to the sea, { she / he }

looks straight a - head not at me. Tall and tan and young —

and { love - ly, the girl___ } from I - pa - ne - ma goes walk - ing, and when___
hand - some, the boy___

___ { she } pass - es I smile, ___ but { she } does - n't see.
he

{ She } just does - n't see.
He

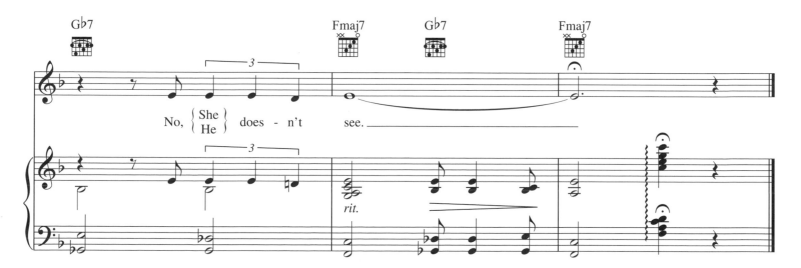

No, { She } does - n't see. _____
He

DINDI

Music by ANTONIO CARLOS JOBIM
Portuguese Lyrics by ALOYSIO DE OLIVEIRA
English Lyrics by RAY GILBERT

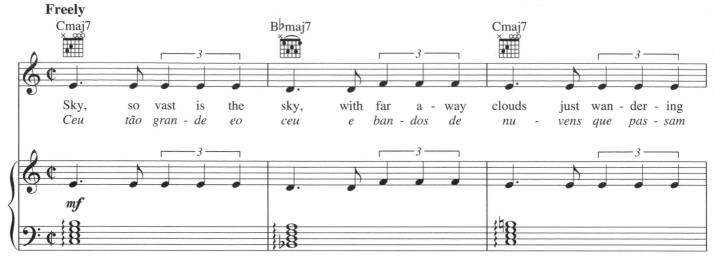

Sky, so vast is the sky, with far a - way clouds just wan-der-ing
Ceu tão gran - de eo ceu e ban - dos de nu - vens que pas - sam

by. Where do they go? ___ Oh, I don't know, don't
ligeiras Aon - de elas vão, ___ Ah, er não sei, não

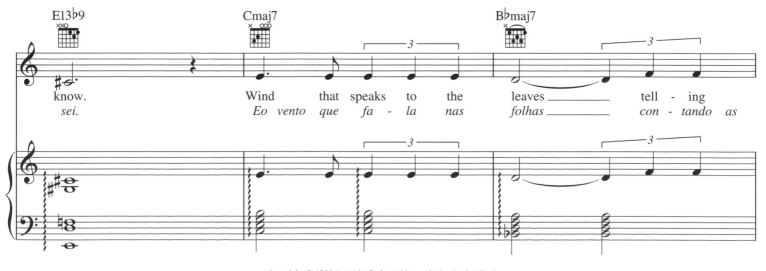

know. Wind that speaks to the leaves ___ tell - ing
sei. Eo vento que fa - la nas folhas ___ con - tando as

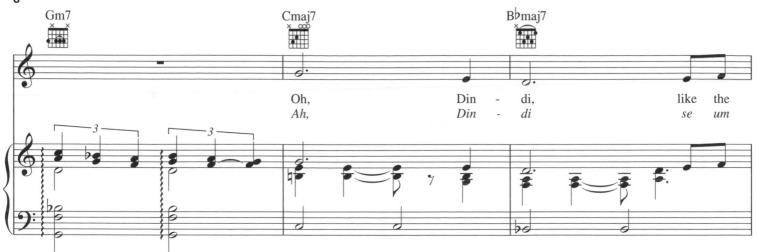

Gm7   Cmaj7   B♭maj7

Oh,   Din - di,   like the
Ah,   *Din - di*   *se um*

Cmaj7   Gm7   C7♭9   C9   Fmaj7

song of the wind in the trees, that's how my heart _ is sing - ing,_ Din - di,
dia vo - cê for em - bora nie la - va con - ti - go Din - di

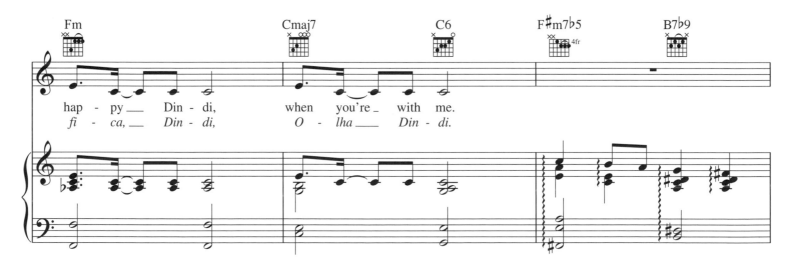

Fm   Cmaj7   C6   F♯m7♭5   B7♭9

hap - py __ Din - di,   when you're _ with me.
fi - ca,_ Din - di,   O - lha _ Din - di.

Em9   Cm6   Em7   Cm6

I love you more each day,_____ yes, I do,_____ yes, I
E as a - guas deste rio_____ On - de vão,_____ eu não

CHANGE PARTNERS
from the RKO Radio Motion Picture CAREFREE

Words and Music by
IRVING BERLIN

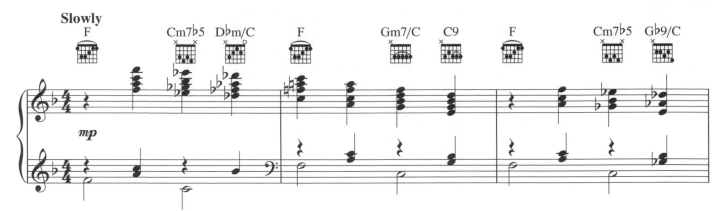

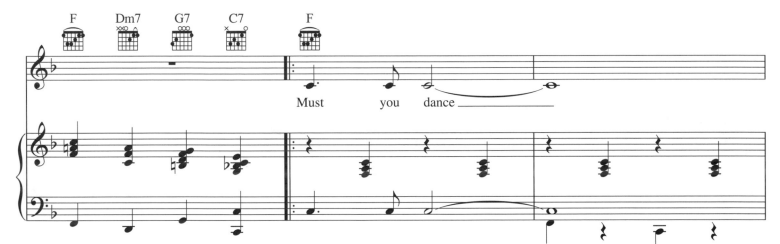

Must you dance

ev - 'ry dance _____ with the same _____

____ for - tu - nate man? _____ You have

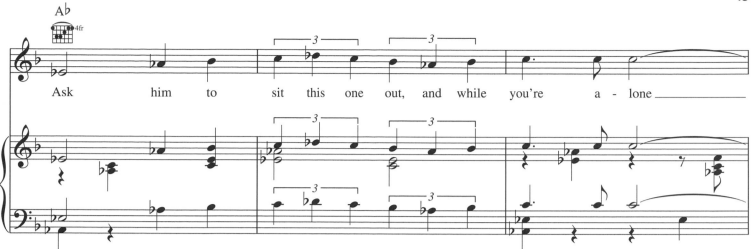

Ask him to sit this one out, and while you're a - lone ____

____ I'll tell the wait - er to tell him he's

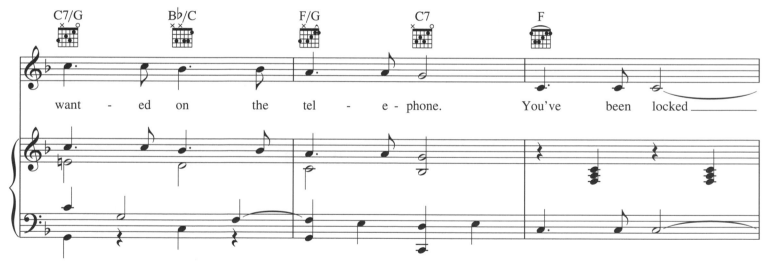

want - ed on the tel - e - phone. You've been locked ____

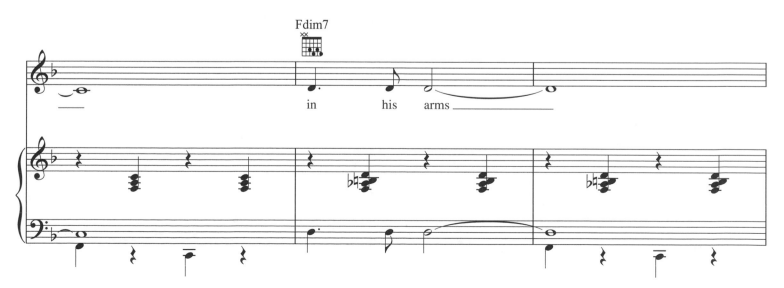

in his arms ____

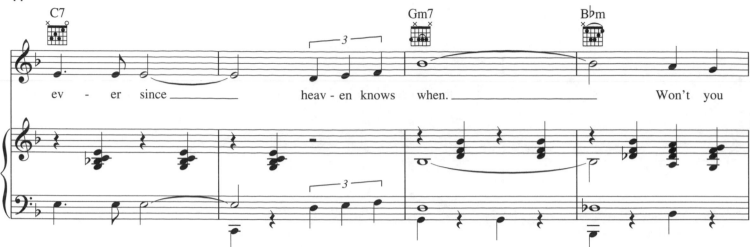

ev - er since _____ heav - en knows when. _____ Won't you

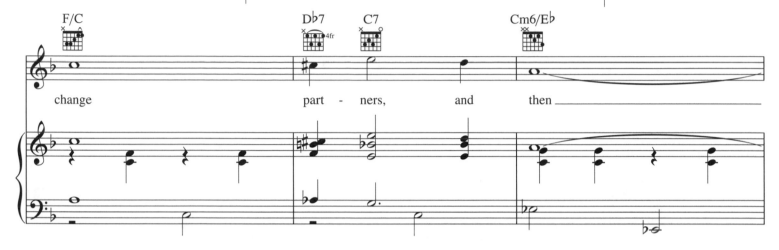

change _____ part - ners, and then _____

_____ you may nev - er want __ to change ___ part - ners a -

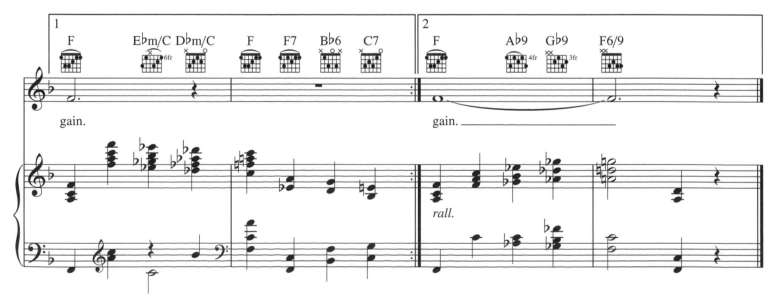

gain.   gain. _____

QUIET NIGHTS OF QUIET STARS
(Corcovado)

English Words by GENE LEES
Original Words & Music by ANTONIO CARLOS JOBIM

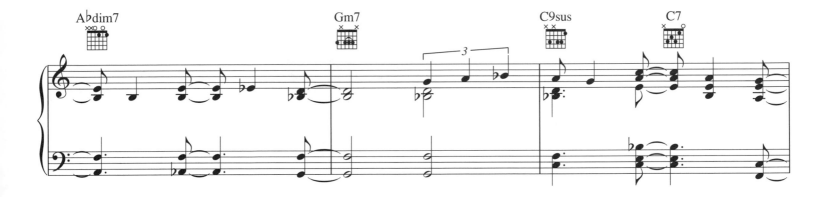

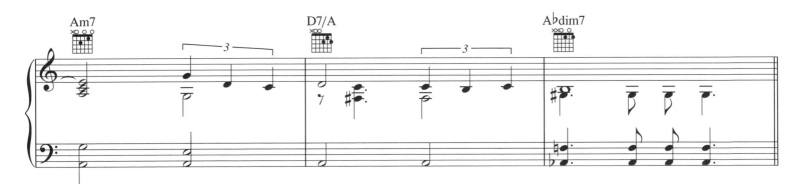

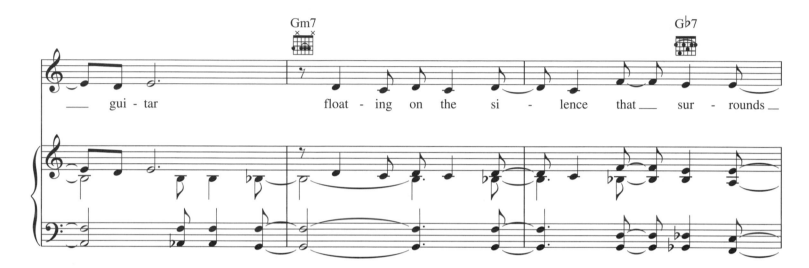

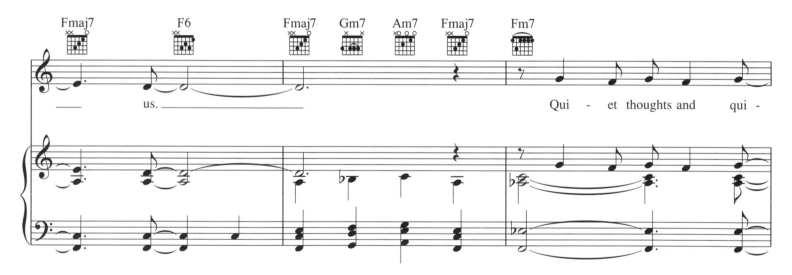

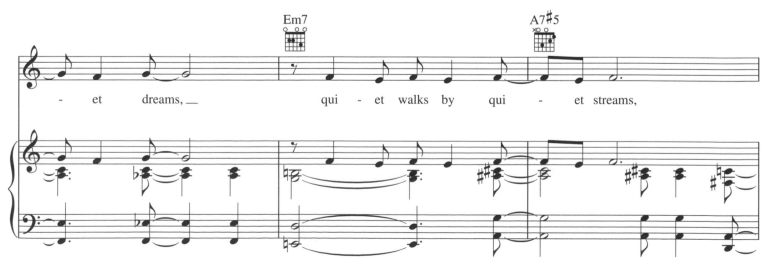

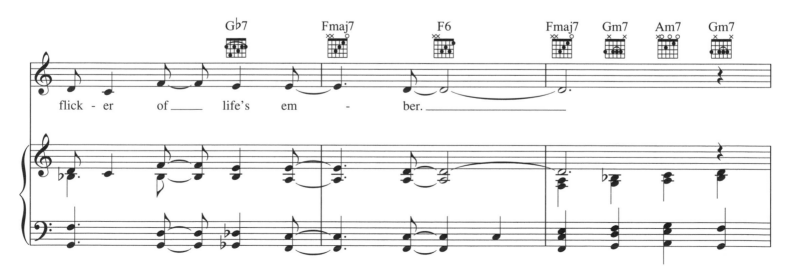

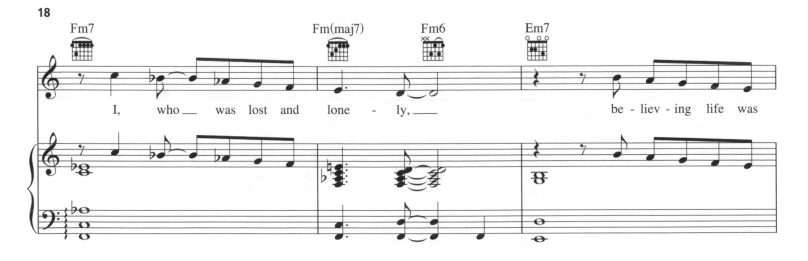

I, who was lost and lone - ly, _____ be - liev - ing life was

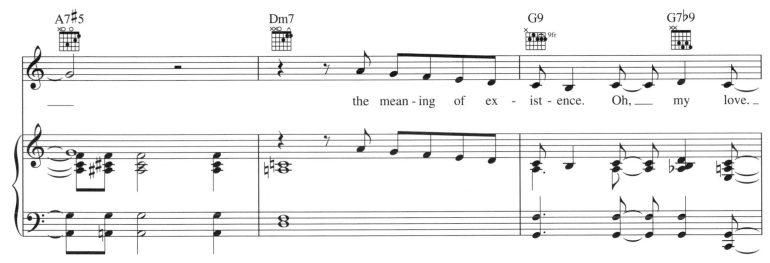

on - ly _____ a bit - ter, trag - ic joke, have found _ with you _____

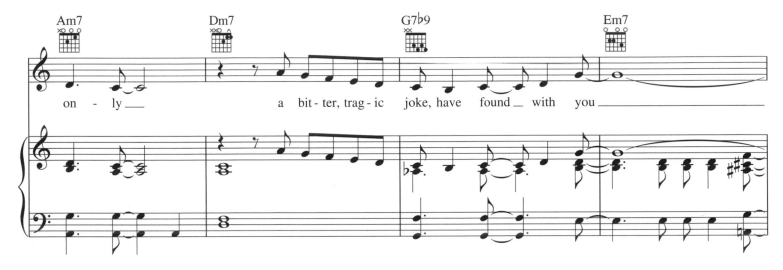

the mean - ing of ex - ist - ence. Oh, _ my love. _

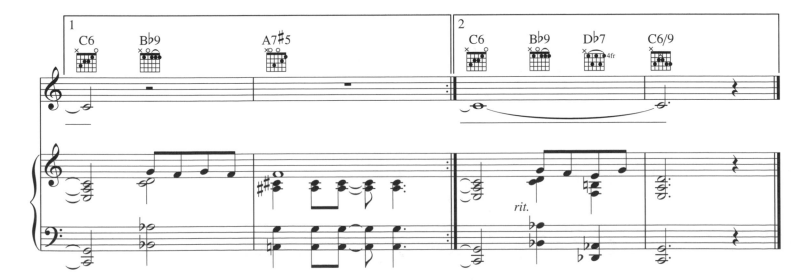

MEDITATION
(Meditação)

Music by ANTONIO CARLOS JOBIM
Original Words by NEWTON MENDONÇA
English Words by NORMAN GIMBEL

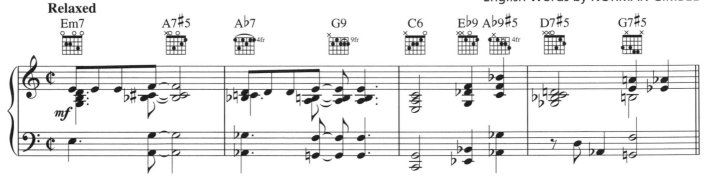

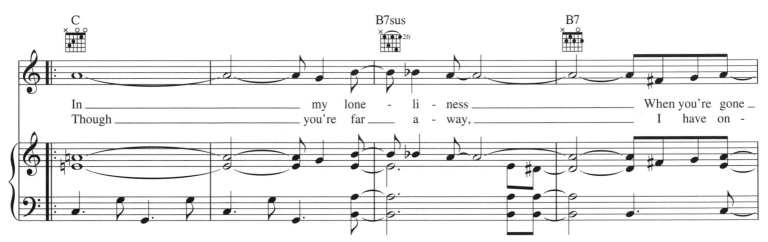

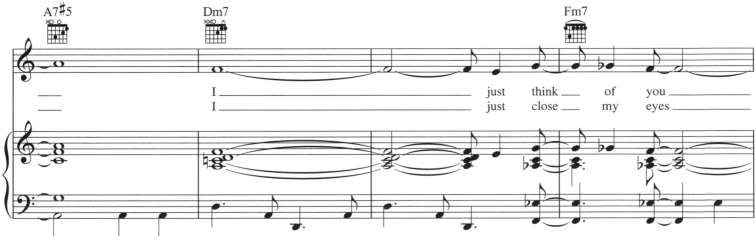

and the thought of you hold - ing me near makes my lone -
and the sad - ness that miss - ing you brings soon is gone

- li - ness soon dis - ap - pear.
and this heart of mine sings. Yes, ____

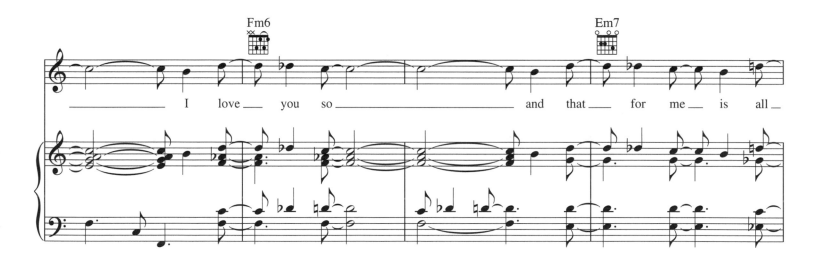

I love you so and that for me is all

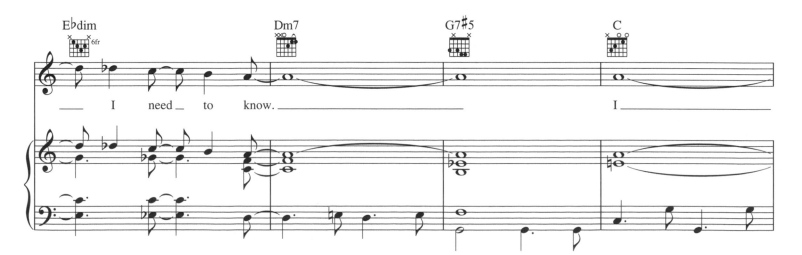

I need to know. I

IF YOU NEVER COME TO ME
(Inutil paisagem)

Music by ANTONIO CARLOS JOBIM
Portuguese Lyrics by ALOYSIO DE OLIVEIRA
English Lyrics by RAY GILBERT

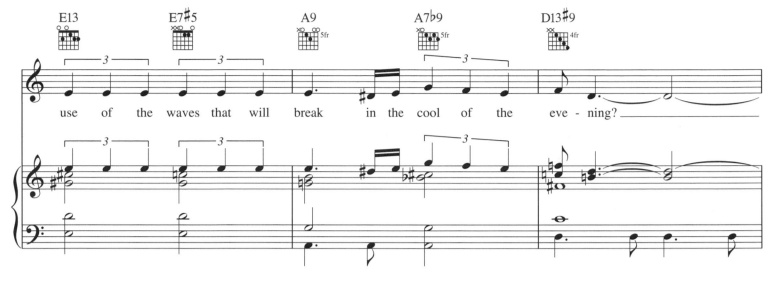

use of the waves that will break in the cool of the eve - ning? _____

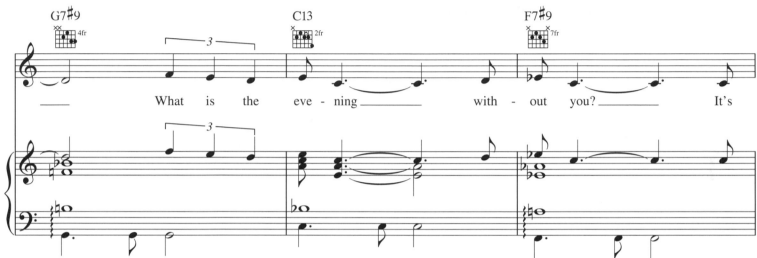

_____ What is the eve - ning _____ with - out you? _____ It's

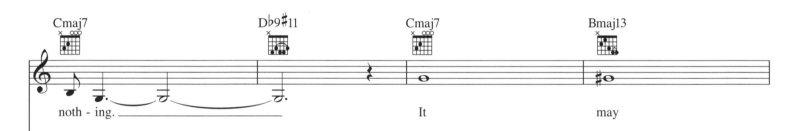

noth - ing. _____ It may

be _____ you will nev - er come. _____

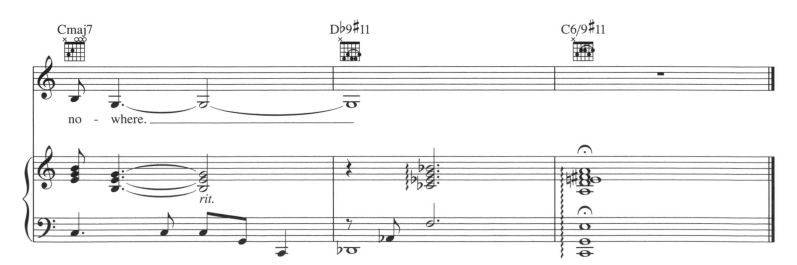

HOW INSENSITIVE
(Insensatéz)

Music by ANTONIO CARLOS JOBIM
Original Words by VINICIUS DE MORAES
English Words by NORMAN GIMBEL

How _____ in - sen - si - tive _____
Now _____ {he's}{she's} gone a - way, _____

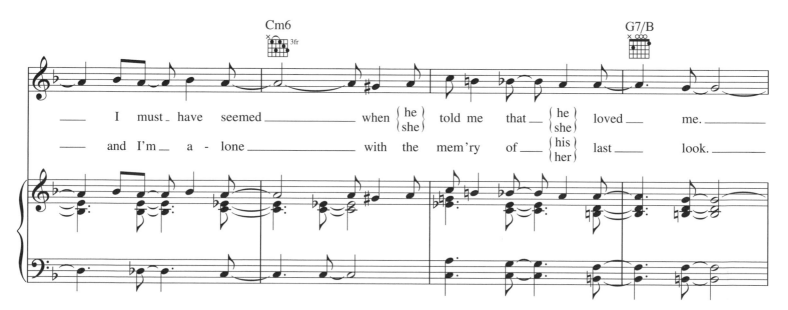

_____ I must have seemed _____ when {he}{she} told me that _____ {he}{she} loved _____ me. _____
_____ and I'm a - lone _____ with the mem'ry of _____ {his}{her} last _____ look. _____

How _____ un - moved _ and cold _____
Vague _____ and drawn _ and sad, _____

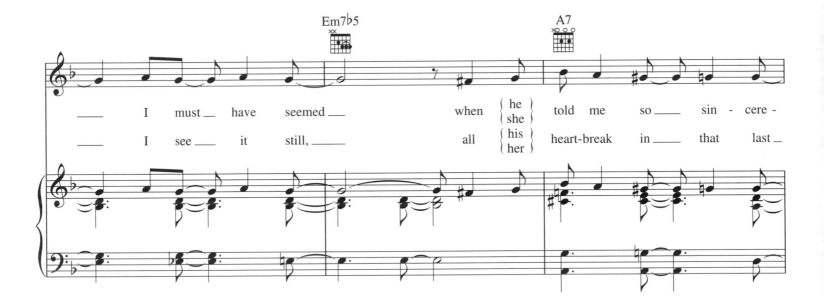

____ I must __ have seemed ____ when { he / she } told me so ____ sin - cere -
____ I see __ it still, ____ all { his / her } heart-break in ____ that last _

- ly. _____ Why, _____
____ look. _____ How, _____

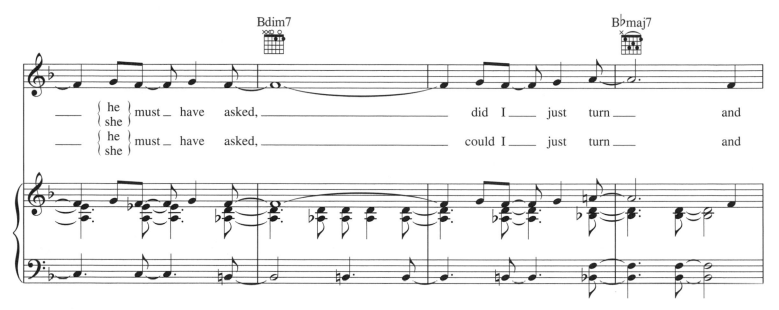

____ { he / she } must __ have __ asked, _____ did I ____ just turn ____ and
____ { he / she } must __ have __ asked, _____ could I ____ just turn ____ and

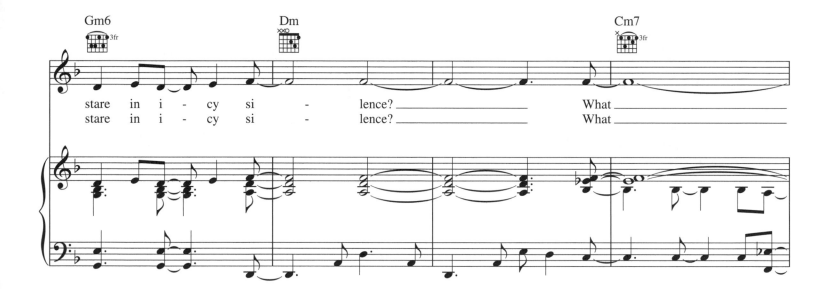

stare in i - cy si - lence? _____ What _____
stare in i - cy si - lence? _____ What _____

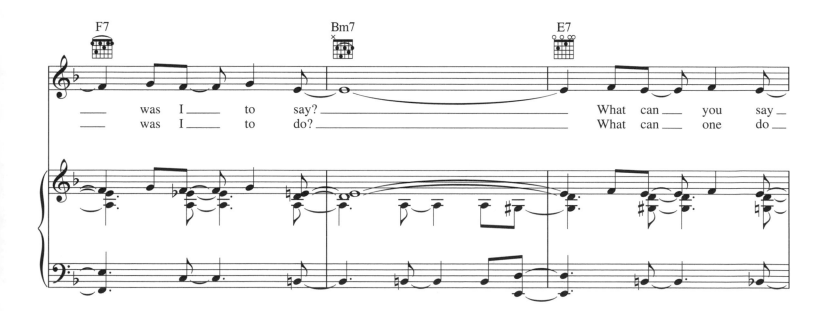

____ was I ____ to say? _____ What can ____ you say ____
____ was I ____ to do? _____ What can ____ one do ____

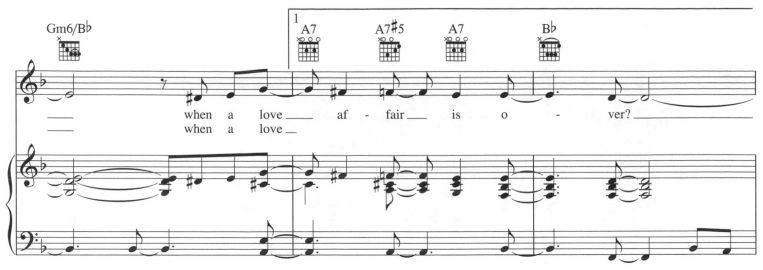

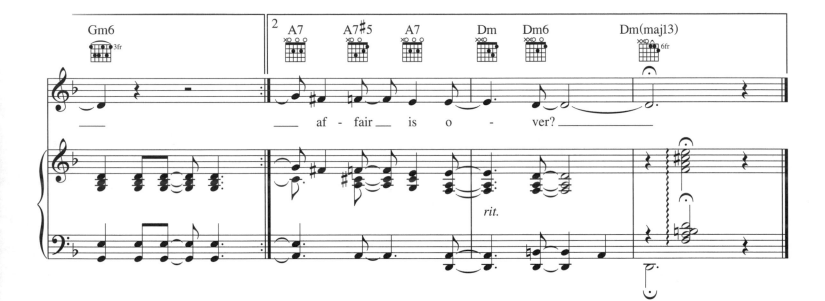

when a love ___ af - fair ___ is o - ver? ___
when a love ___

___ af - fair ___ is o - ver? ___

rit.

Portuguese Lyrics

A insensatez
Que você fez
Coração mais sem cuidado
Fez chorar de dôr
O seu amôr
Um amôr tão delicado
Ah! Porque você
Foi fraco assim
Assim tão desalmado
Ah! Meu coração
Que nunca amou
Não merece ser amado
Vai meu coração
Ouve a razão
Usa só sinceridade
Quem semeia vento
Diz a razão
Colhe tempestade
Vai meu coração
Pede perdão
Perdão apaixonado
Vai porque
Quem não
Pede perdão
Não é nunca perdoado.

I CONCENTRATE ON YOU

from BROADWAY MELODY OF 1940

Words and Music by
COLE PORTER

Moderately slow

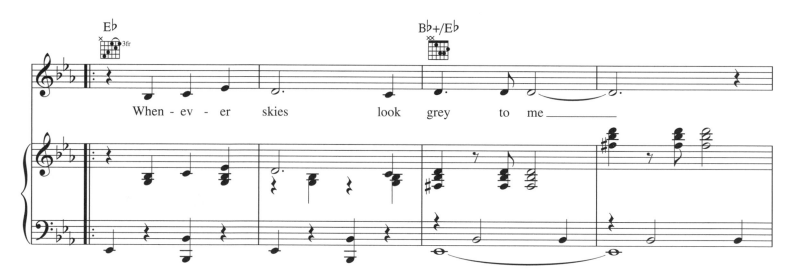

When-ev-er skies look grey to me _____

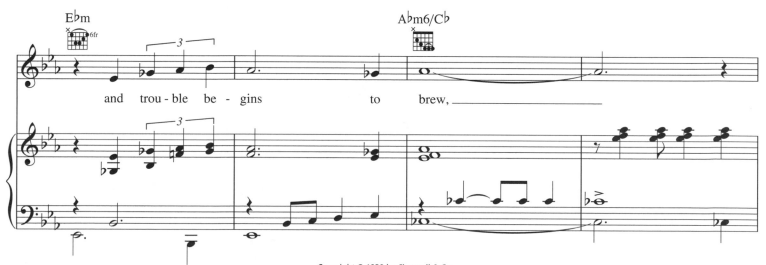

and trou-ble be-gins to brew, _____

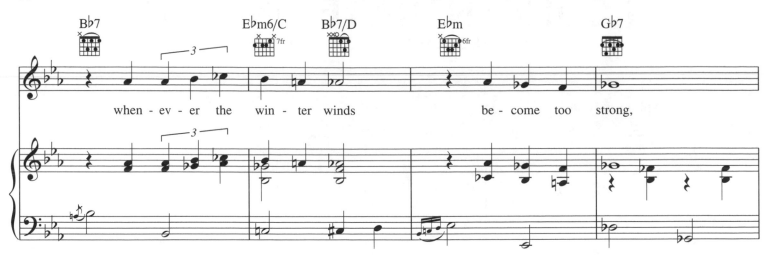

when - ev - er the win - ter winds be - come too strong,

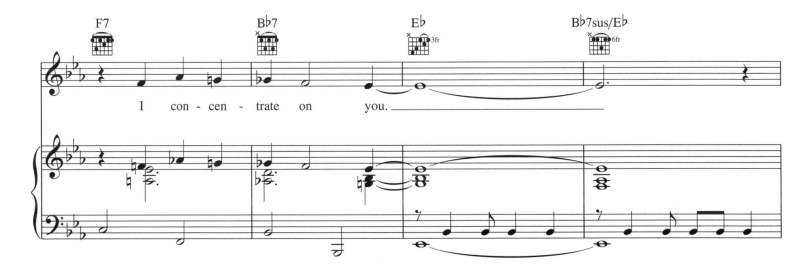

I con - cen - trate on you.

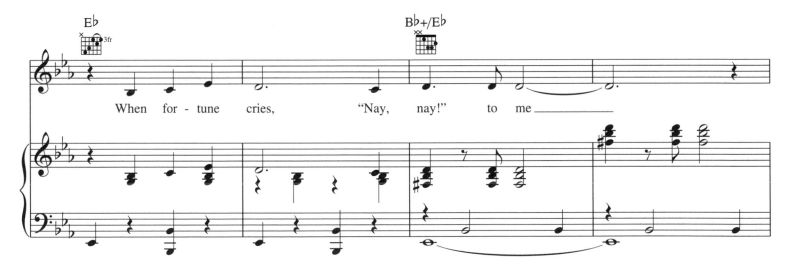

When for - tune cries, "Nay, nay!" to me

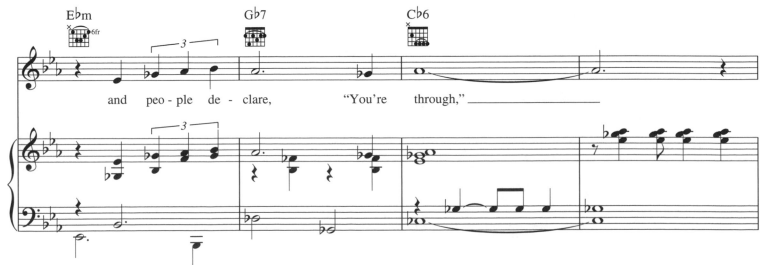

and peo - ple de - clare, "You're through,"

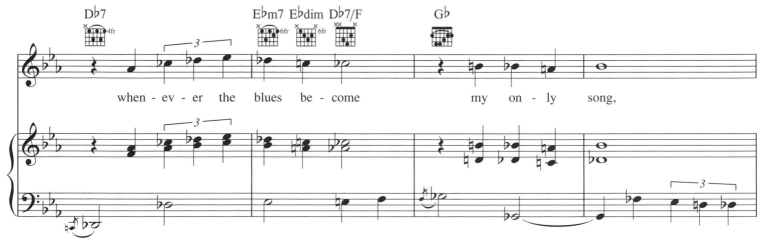

when-ev-er the blues be-come my on-ly song,

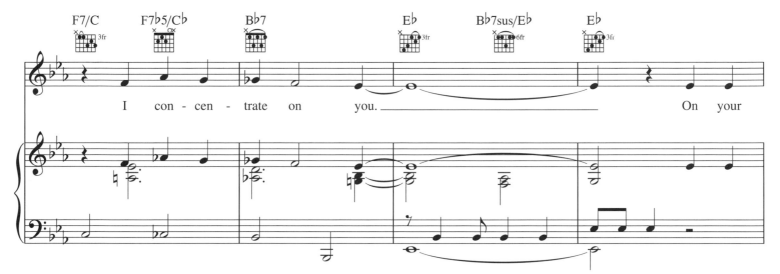

I con-cen-trate on you._____ On your

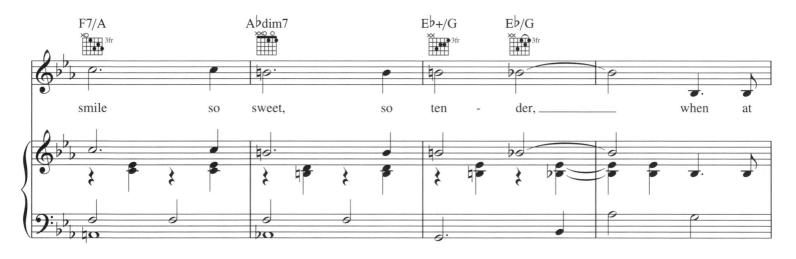

smile so sweet, so ten-der,_____ when at

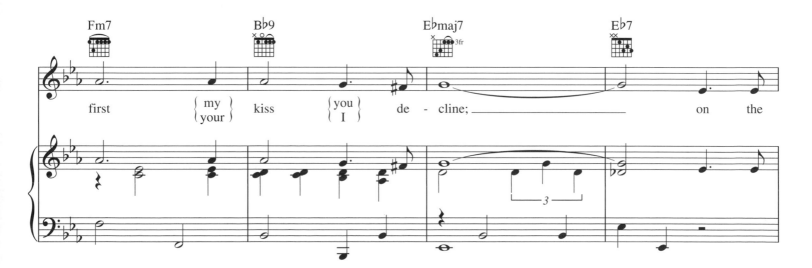

first {my / your} kiss {you / I} de-cline;_____ on the

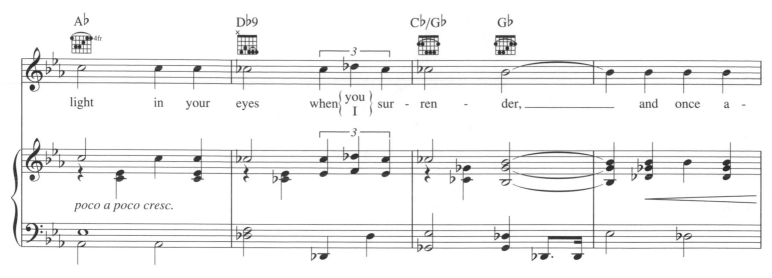

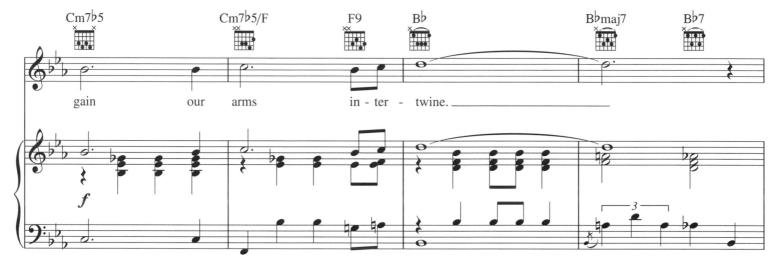

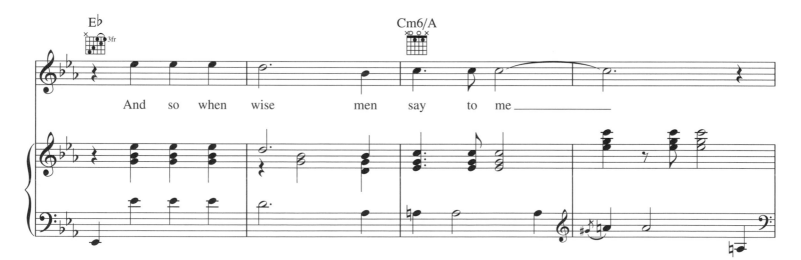

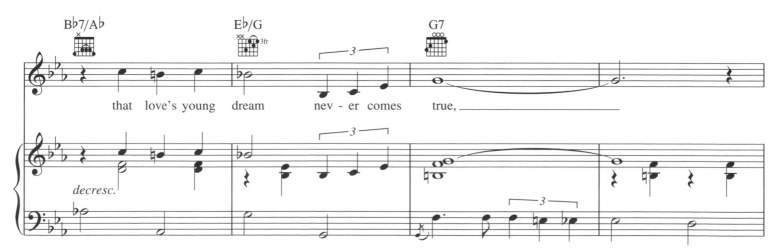

BAUBLES, BANGLES AND BEADS

from KISMET

Words and Music by ROBERT WRIGHT
and GEORGE FORREST
(Music Based on Themes of A. BORODIN)

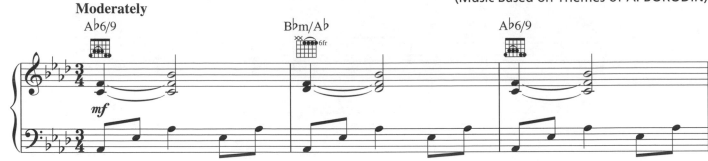

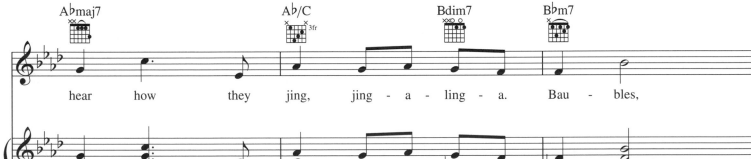

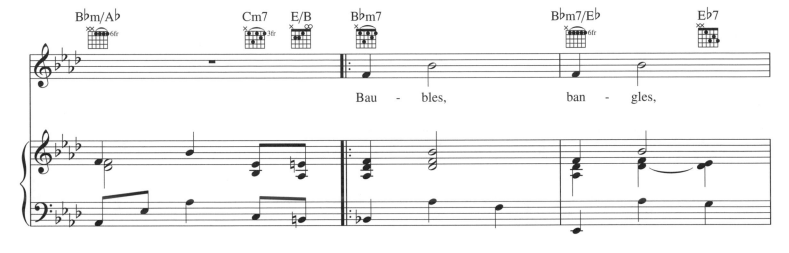

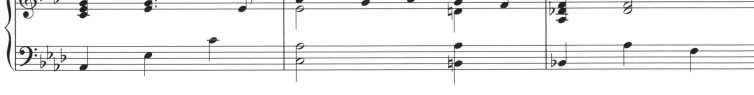

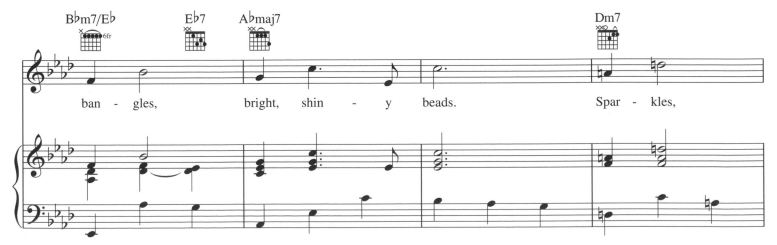

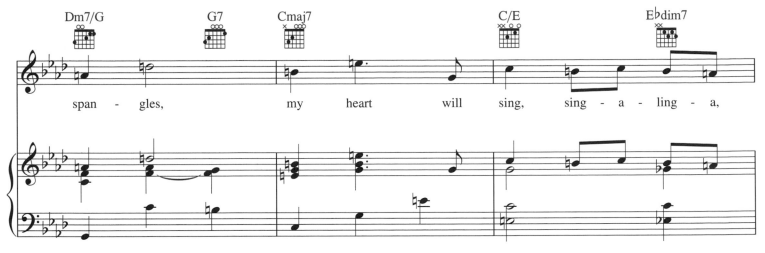

spangles, my heart will sing, sing-a-ling-a,

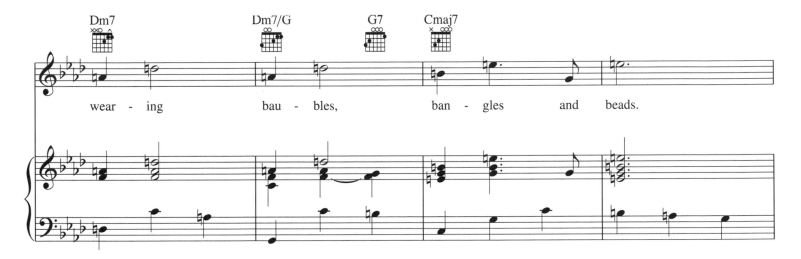

wear-ing bau-bles, ban-gles and beads.

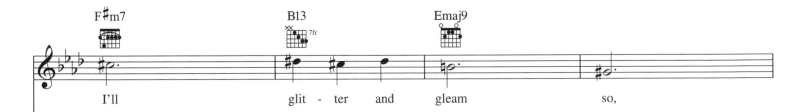

I'll glit-ter and gleam so,

make some-bod-y dream so, that

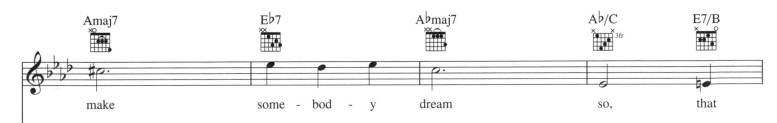

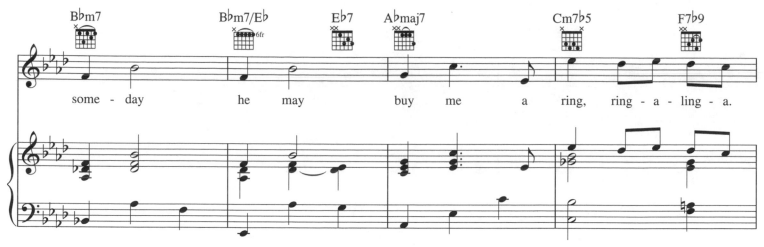

some - day   he   may   buy   me   a   ring,   ring - a - ling - a.

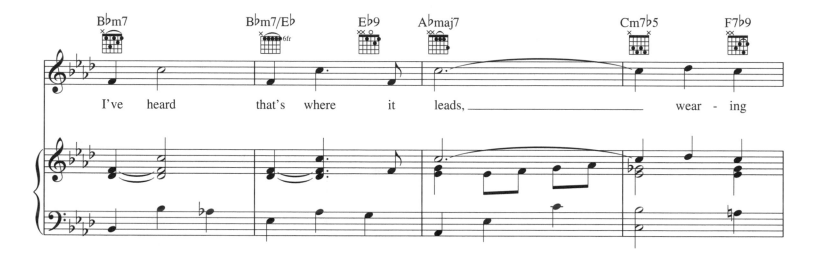

I've   heard   that's   where   it   leads, _____   wear - ing

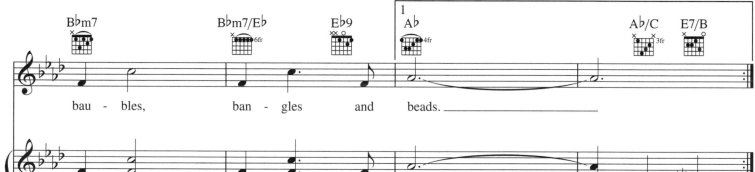

bau - bles,   ban - gles   and   beads. _____

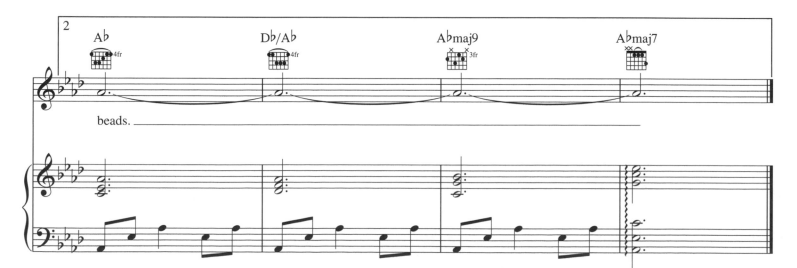

beads. _____

ONCE I LOVED
(Amor em paz)
(Love in Peace)

Music by ANTONIO CARLOS JOBIM
Portuguese Lyrics by VINICIUS DE MORAES
English Lyrics by RAY GILBERT

Moderately fast Bossa Nova

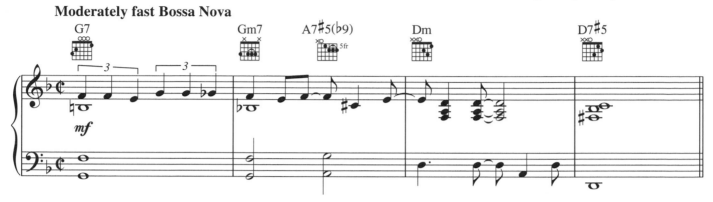

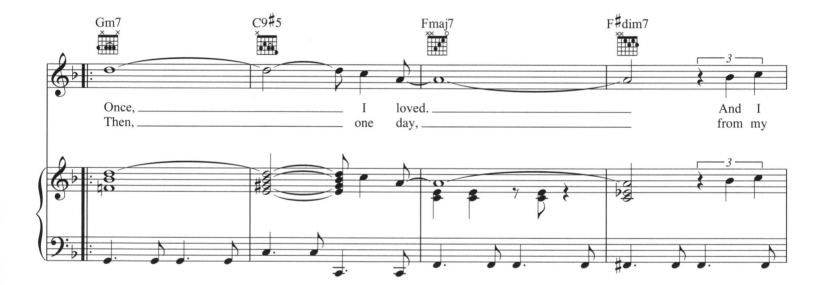

Once, _____ I loved. _____ And I
Then, _____ one day, _____ from my

gave so much love to this love, you were the world to me. _____
in-fi-nite sad-ness you came and brought me love a-gain. _____

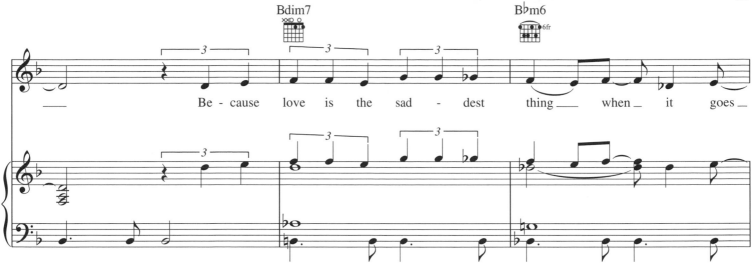

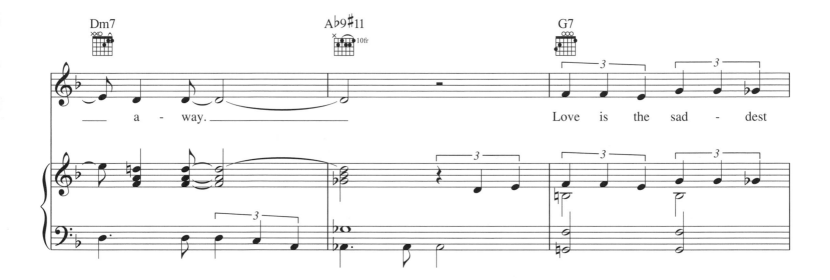

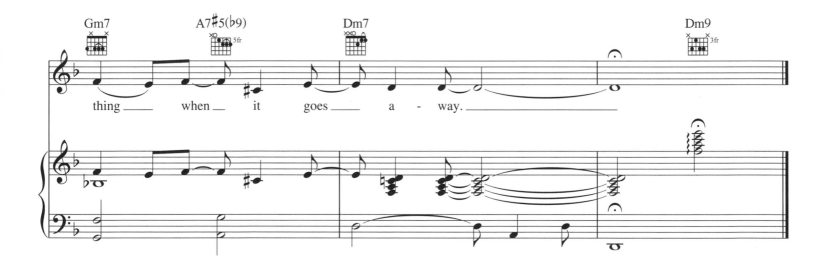

Portuguese Lyrics

Eu amei, e amei ai de mim muito mais do que devia amar.
E chorei ao sentir que eu iria sofrer e me desesperar.

Foi antão, que da minha infinita triztesa aconteceu você.
Encontrei, em você a razão de viver e de amar em paz
E não sofrer mais. Nunca mais.
Porque o amor é a coisa mais triste quando se desfaz.
O amor é a coisa mais triste quando se desfaz.

SONG OF THE SABIÁ
(Sabiá)

English Words by NORMAN GIMBEL
Music by ANTONIO CARLOS JOBIM
Original Portuguese Lyric by CHICO BUARQUE DE HOLLANDA

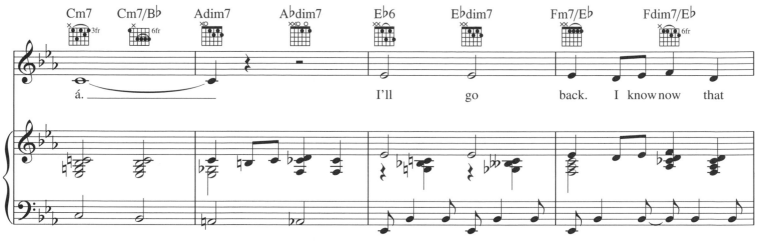

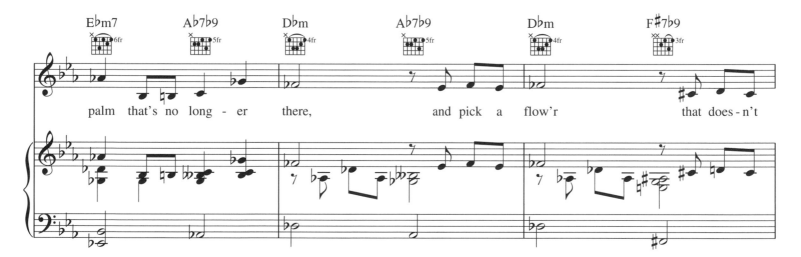

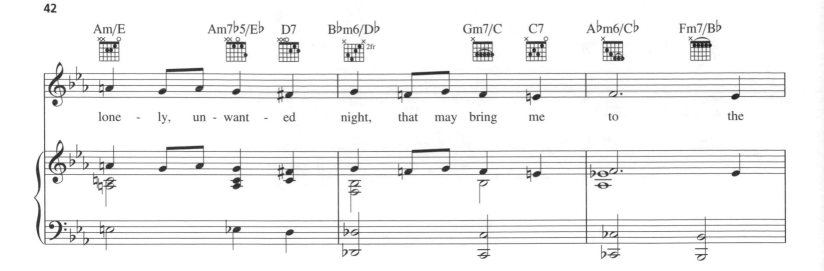

lone - ly, un - want - ed night, that may bring me to the

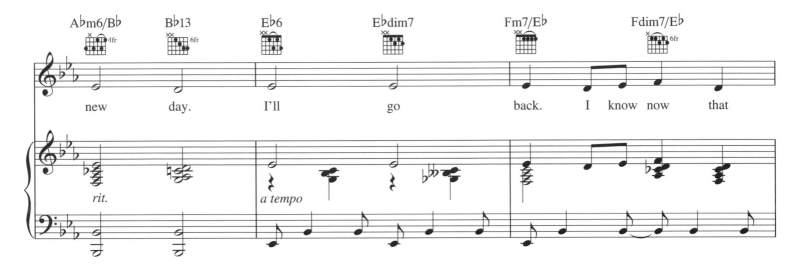

new day. I'll go back. I know now that

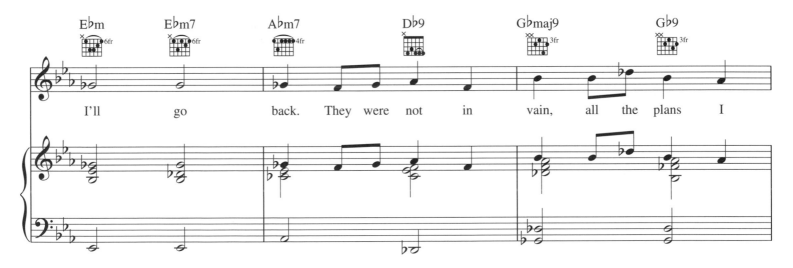

I'll go back. They were not in vain, all the plans I

made to de - ceive my - self, all the roads I made just to lose my -

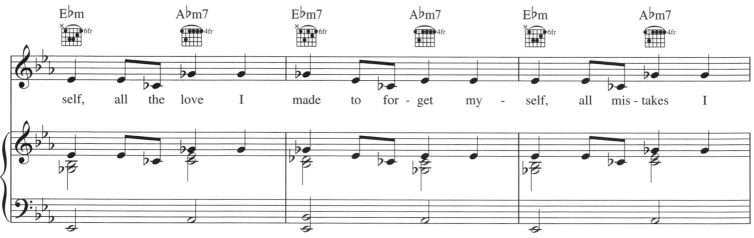

self, all the love I made to for-get my - self, all mis-takes I

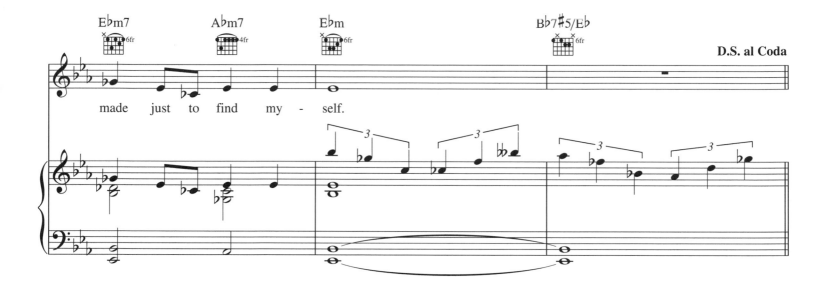

D.S. al Coda

made just to find my - self.

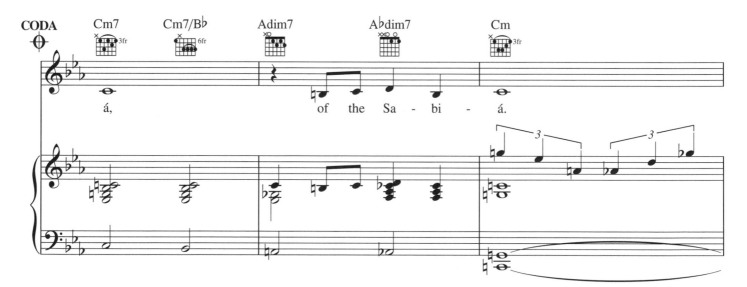

CODA

á, of the Sa - bi - á.

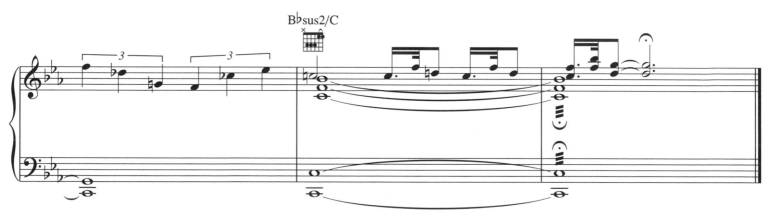

ÁGUA DE BEBER
(Water to Drink)

English Words by NORMAN GIMBEL
Portuguese Words by VINICIUS DE MORAES
Music by ANTONIO CARLOS JOBIM

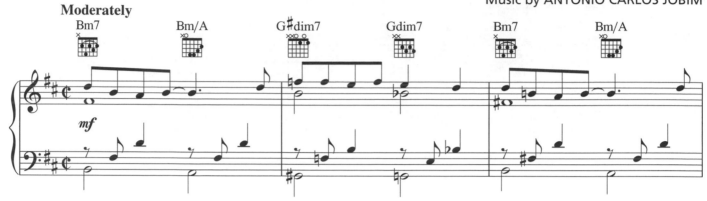

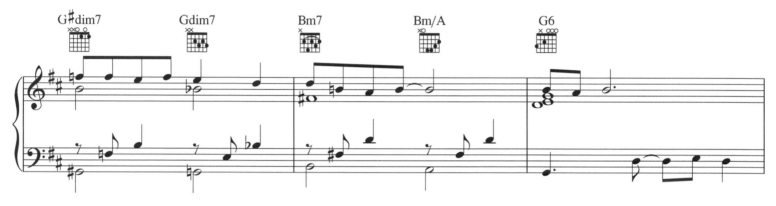

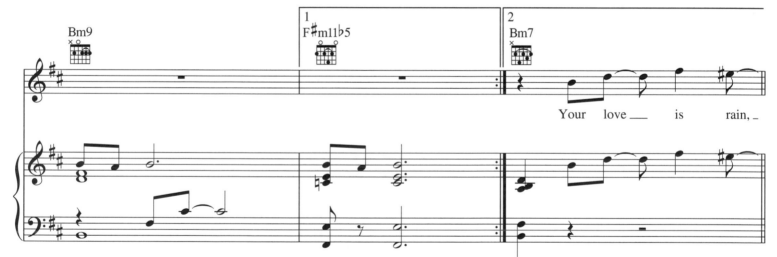

Your love __ is rain, __

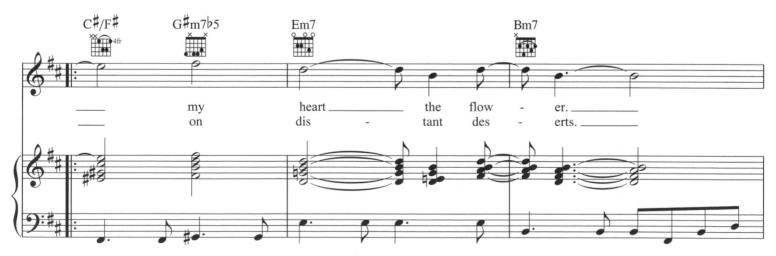

__ my heart __ the flow - er. __
__ on dis - tant des - erts. __

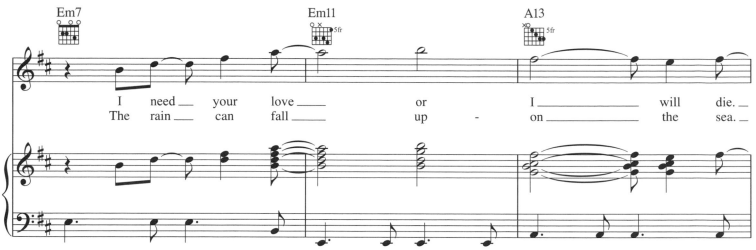

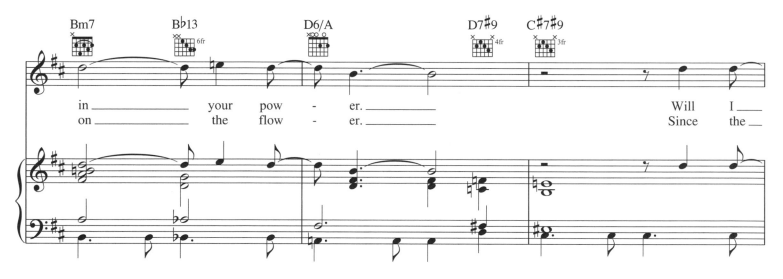

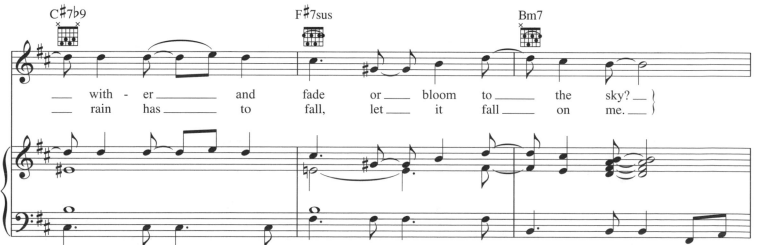

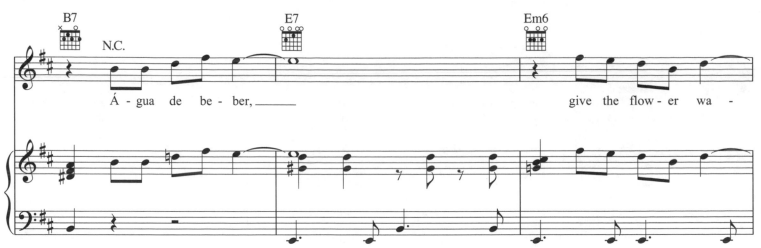

Á - gua de be - ber, _____ give the flow - er wa -

- ter to drink. _ Á - gua de be - ber, _____

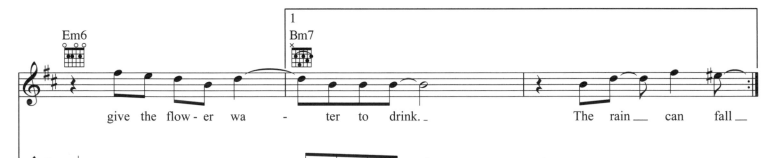

give the flow - er wa - ter to drink. _ The rain __ can fall __

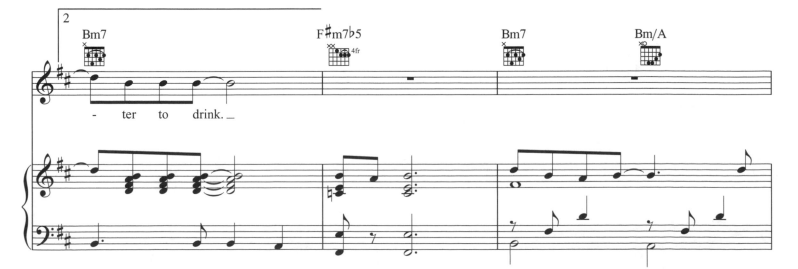

- ter to drink. _

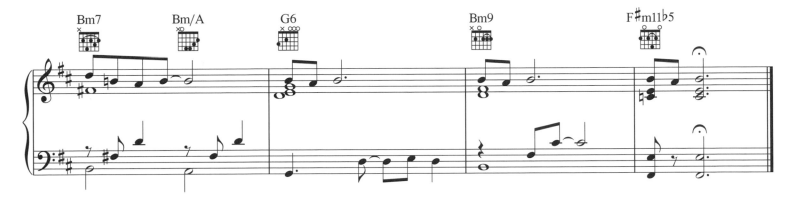

Portuguese Lyrics

Eu quis amar mas tive medo.
E quis salvar meu coração.
Mas o amor sabe um segredo.
O medo pode matar o tue coração.

Água de beber,
Água de beber camará.
Água de beber,
Água de beber camará.

Eu nunca fiz coisa tão certa.
Entrei pra escola do perdão.
A minha casa vive aberta.
Abre todas as portas do coração.

Água de beber...

Eu sempre tive uma certeza,
Que só me deu desilusão.
É que o amor é uma tristeza.
Muita mágoa demais para um coração.

Água de beber...

SOMEONE TO LIGHT UP MY LIFE
(Se todos fossem iguais a você)

English Lyric by GENE LEES
Original Text by VINICIUS DE MORAES
Music by ANTONIO CARLOS JOBIM

Moderate Bossa Nova

Go on your way _____ with a cloud-less blue
Vai tua vi - da, _____ teu ca - mi - nho é de

sky a - bove, _____ may all your days _____
paz e a - mor. _____ Vai tua vi - da, _____

___ be a won-der-ful song of love. _____
___ é u - ma lin - da can - ção de a - mor. _____

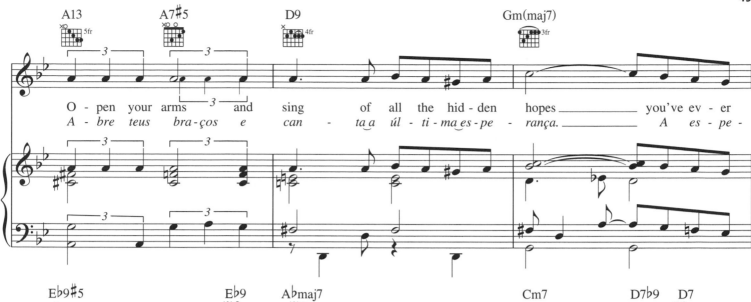

O - pen your arms and sing of all the hid-den hopes _____ you've ev - er
A - bre teus bra-ços e can - ta_a úl - ti-ma_es-pe - rança. _____ A es-pe -

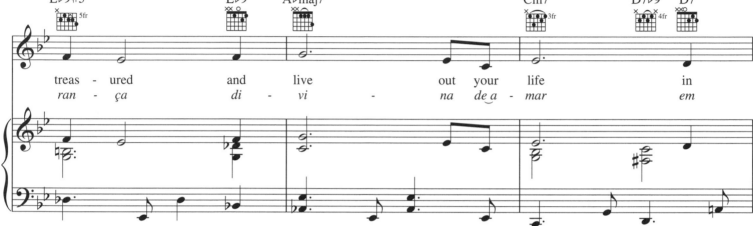

treas - ured and live out your life in
ran - ça di - vi - na de_a - mar em

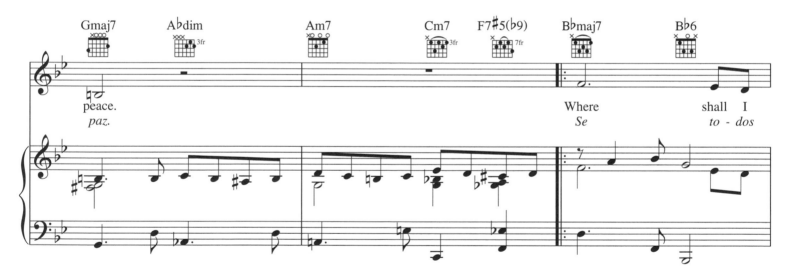

peace. Where shall I
paz. Se to - dos

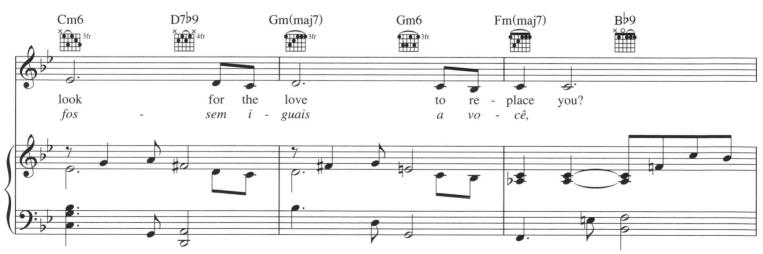

look for the love to re - place you?
fos - sem i - guais a vo - cê,

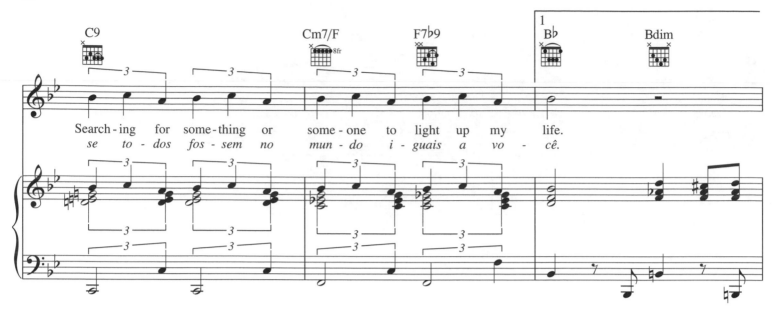

Search-ing for some-thing or some-one to light up my life.
se to-dos fos-sem no mun-do i-guais a vo - cê.

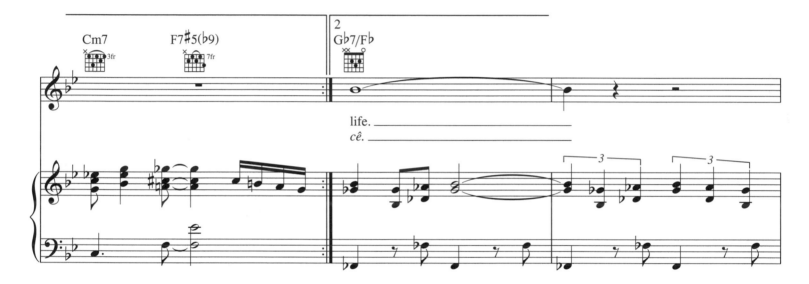

life. _____
cê. _____

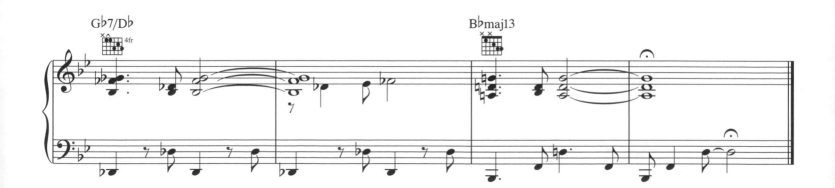

TRISTE

By ANTONIO CARLOS JOBIM

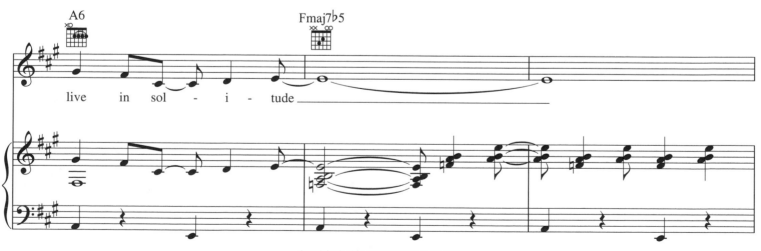

far ___ from your tran - quil al - ti - tude. ___

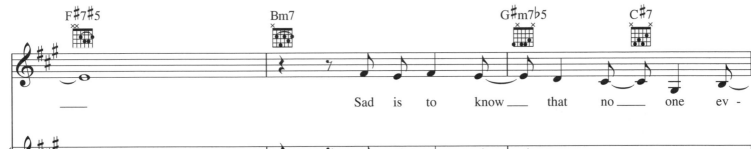

___ Sad is to know ___ that no ___ one ev -

- er can live on a dream _____ that nev -

- er can be, ___ will nev - er be. ___ Dream -

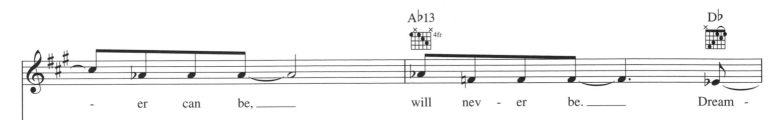

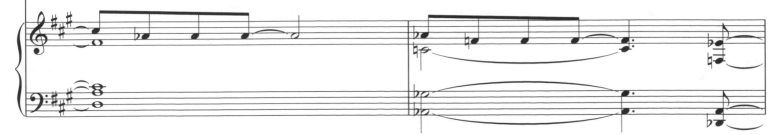

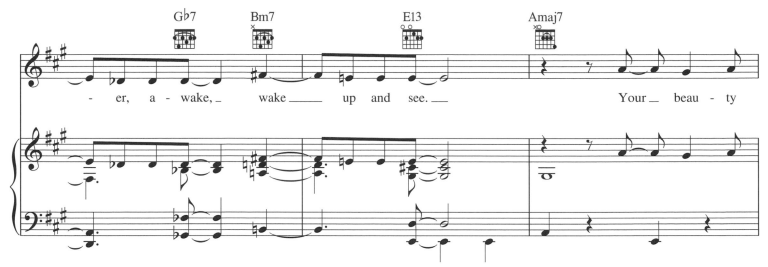

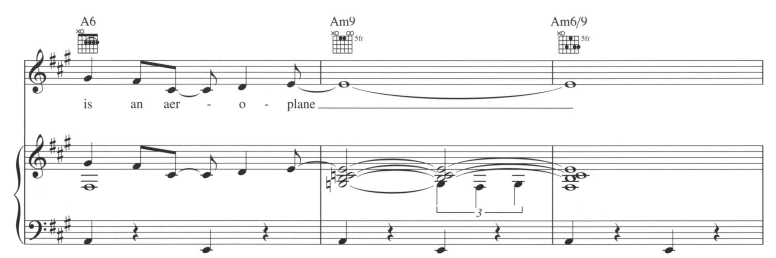

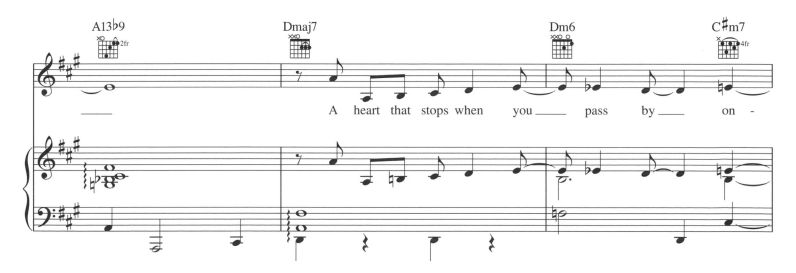

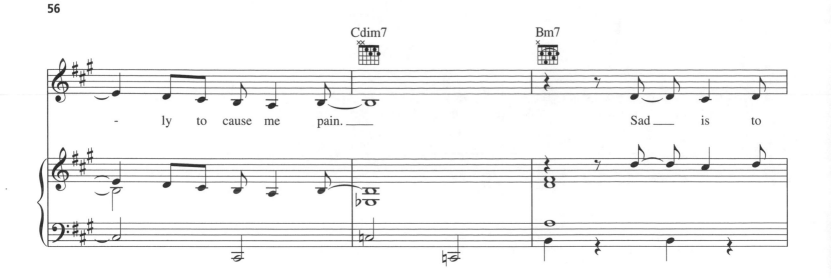

-ly to cause me pain. ___ Sad ___ is to

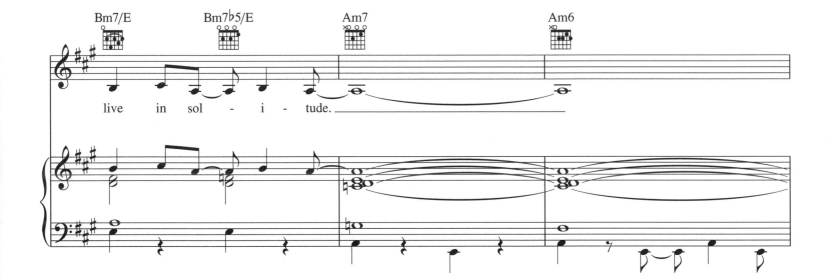

live in sol - i - tude. _____

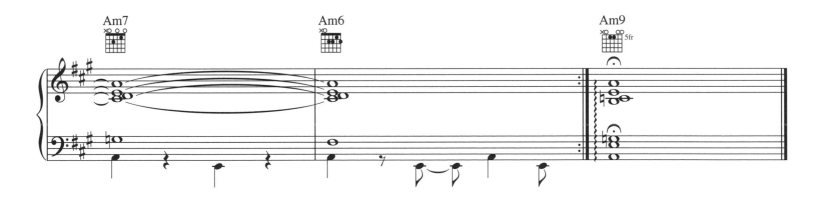

Portuguese Lyrics

Triste é viver a na solidão
Na dor cruel de uma paixão
Triste é saber que ninquem pade viver de ilusão
Que nunca vai ser, nunca dar
O sonhador tem que acordar.

Tua beleza é um auião
Demals pra um pobre coração
Que para pra te ver passar
So pra se maltratar
Triste é viver na solidad.

ESTRADA BRANCA
(This Happy Madness)

Words and Music by ANTONIO CARLOS JOBIM
and VINICIUS DE MORAES
English Lyrics by GENE LEES

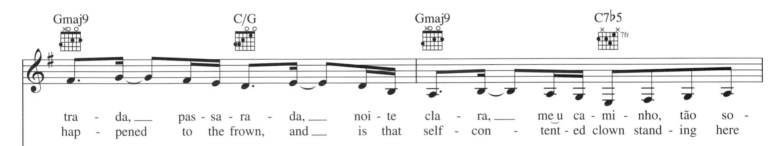

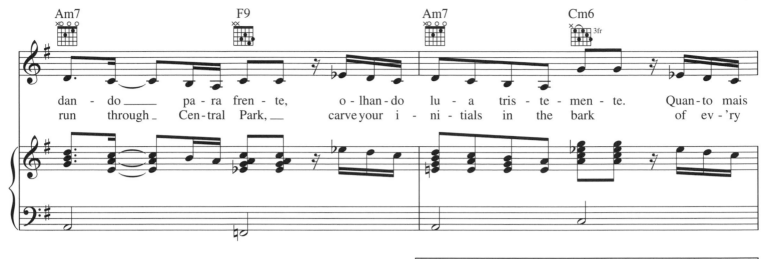

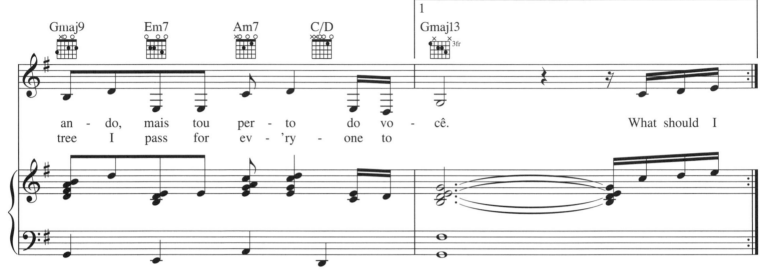

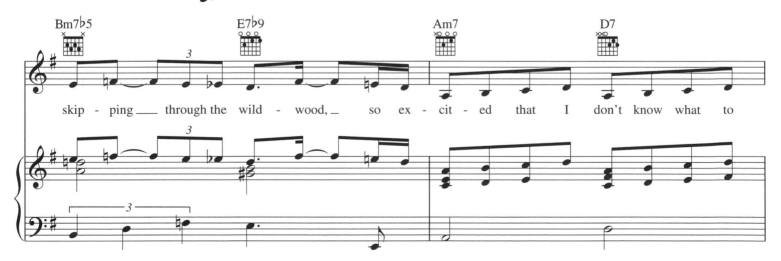

do. What do I care if I'm a ju - ve - nile, I

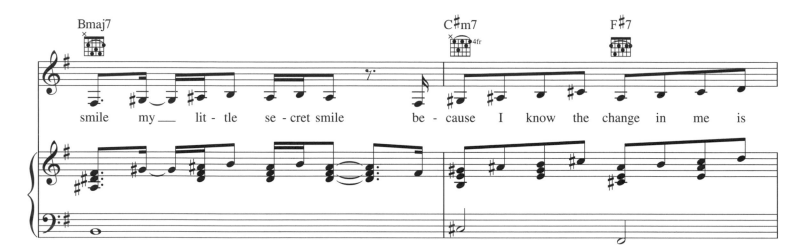

smile my ___ lit - tle se - cret smile be - cause I know the change in me is

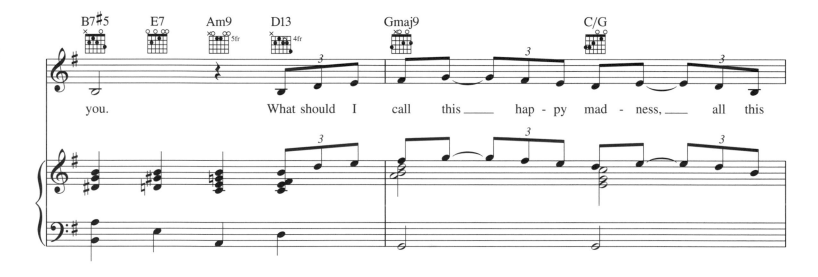

you. What should I call this ___ hap - py mad - ness, ___ all this

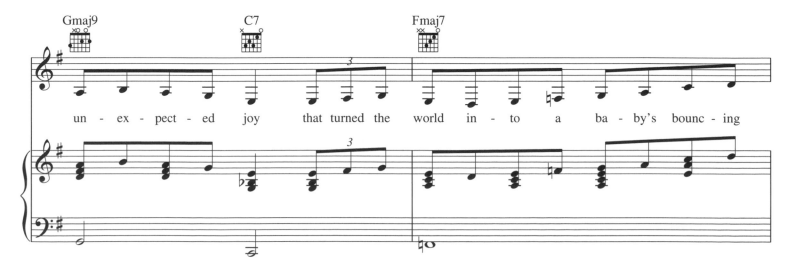

un - ex - pect - ed joy that turned the world in - to a ba - by's bounc - ing

To Coda ⊕

D.S. al Coda
(take 2nd ending)

toy? The gods are laugh - ing ___ far a - bove, one of them

gave a lit - tle shove, and I fell gai - ly, glad - ly, mad - ly in - to love.

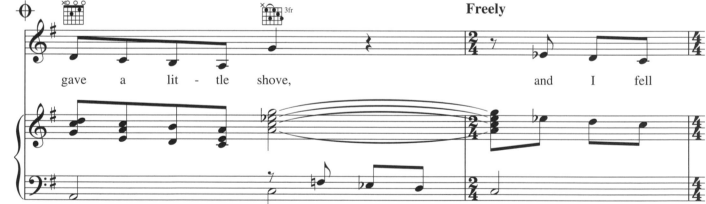

CODA ⊕

Freely

gave a lit - tle shove, and I fell

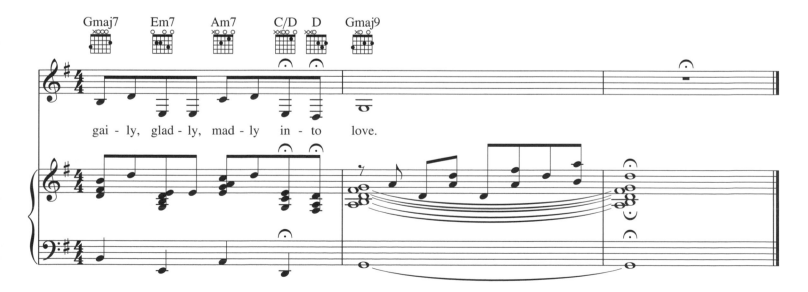

gai - ly, glad - ly, mad - ly in - to love.

ONE NOTE SAMBA
(Samba de uma nota so)

Original Lyrics by NEWTON MENDONÇA
English Lyrics by ANTONIO CARLOS JOBIM
Music by ANTONIO CARLOS JOBIM

Lightly, with movement

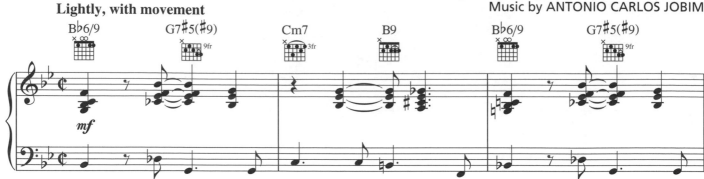

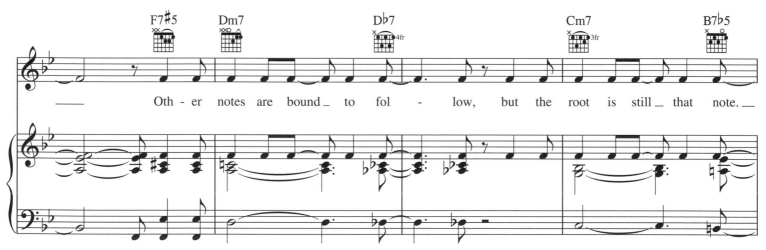

This is just a lit - tle sam - ba built up - on a sin - gle note. ___

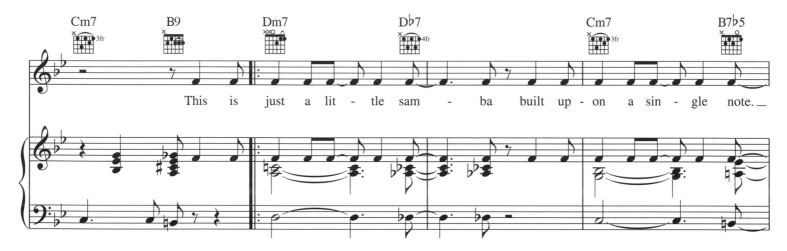

___ Oth - er notes are bound ___ to fol - low, but the root is still ___ that note. ___

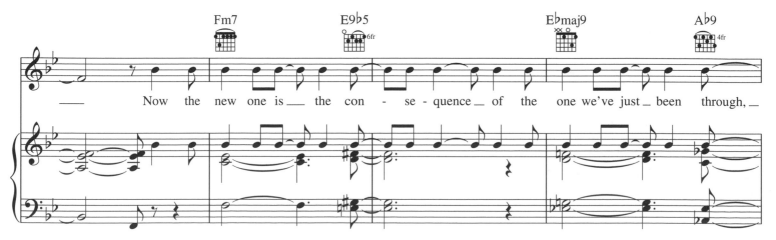

___ Now the new one is ___ the con - se - quence ___ of the one we've just ___ been through, ___

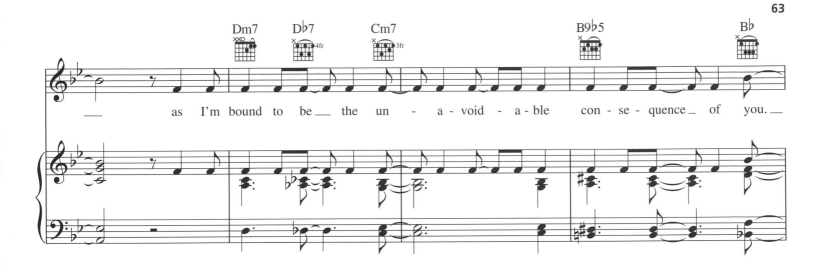

as I'm bound to be __ the un - a - void - a - ble con - se - quence __ of you. __

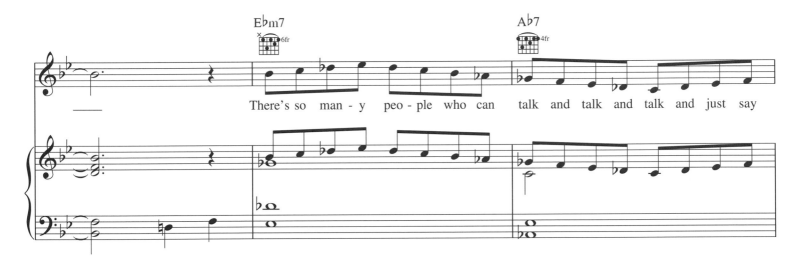

There's so man - y peo - ple who can talk and talk and talk and just say

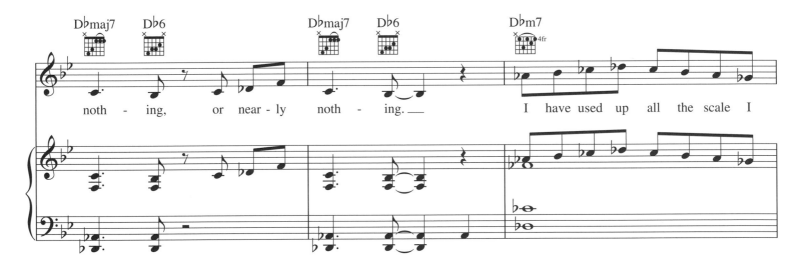

noth - ing, or near - ly noth - ing. __ I have used up all the scale I

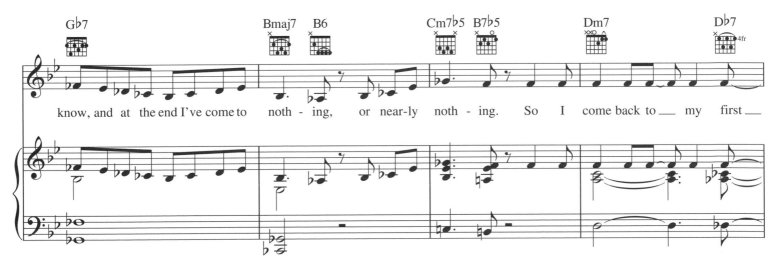

know, and at the end I've come to noth - ing, or near - ly noth - ing. So I come back to __ my first __

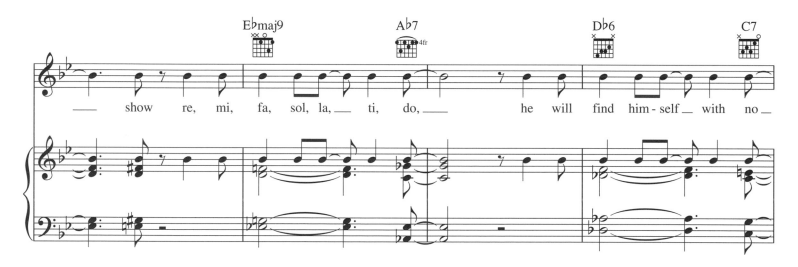

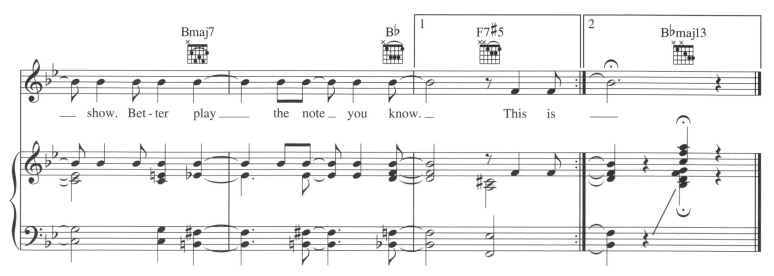

DON'T EVER GO AWAY
(Por causa de você)

English Lyric by RAY GILBERT
Original Text by DOLORES DURAN
Music by ANTONIO CARLOS JOBIM

Come in, my love, come to me, _____ don't let this heart-less world bring an-oth-er "good-
En - tré, meu bem, por fa - vôr _____ *Nâo dei - xe o mun - do mau lhe le - var ou - tra*

bye." Em-brace me in a sim-ple way, don't speak, don't re - mem-ber, and dar - ling, don't
vez me a - bra - ce sim - ples - men - te não fa - le não lem - bre, Não cho - re meu

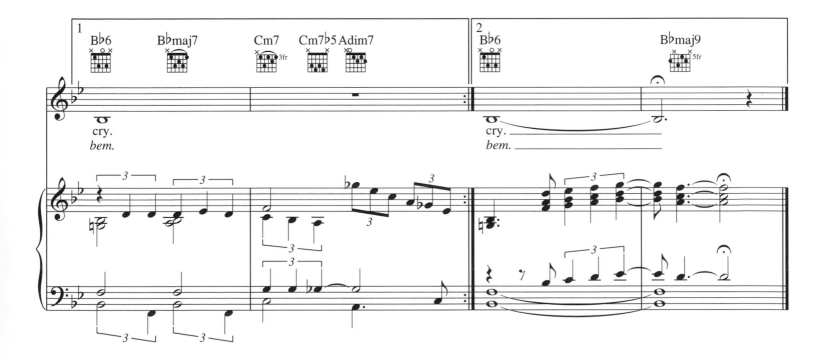

cry.
bem.

cry. _____
bem. _____

WAVE

Words and Music by
ANTONIO CARLOS JOBIM

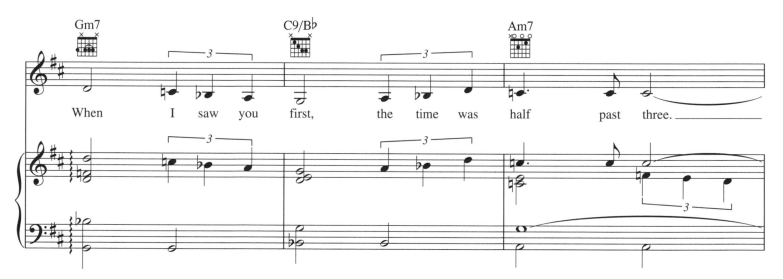

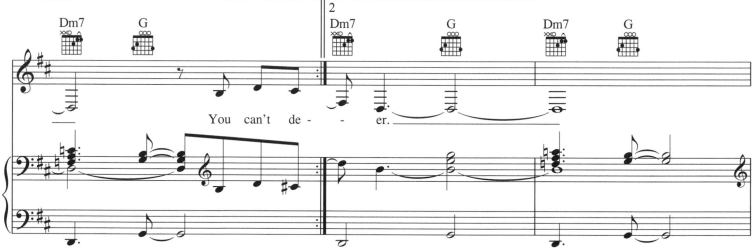

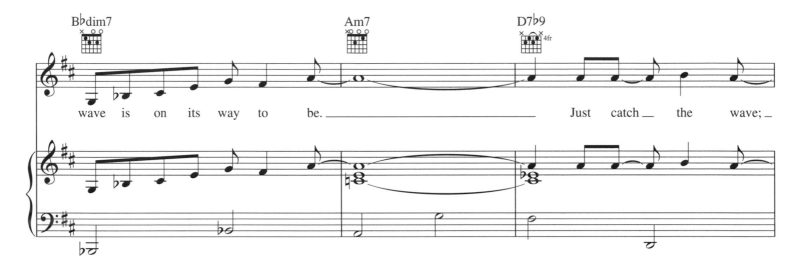

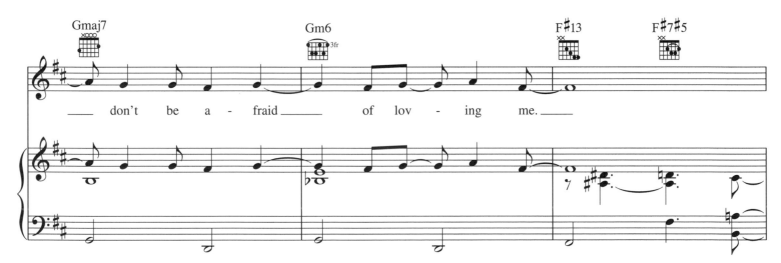

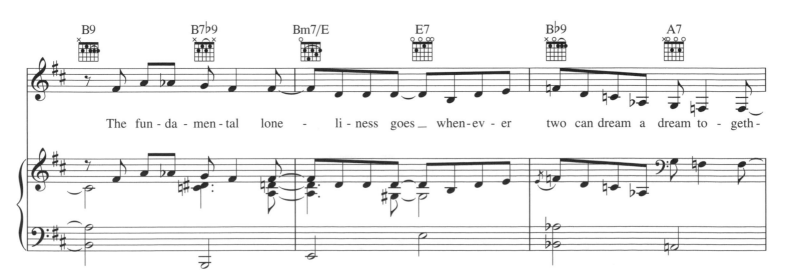

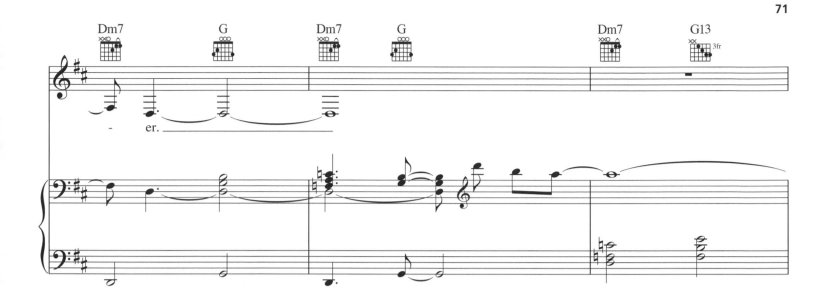

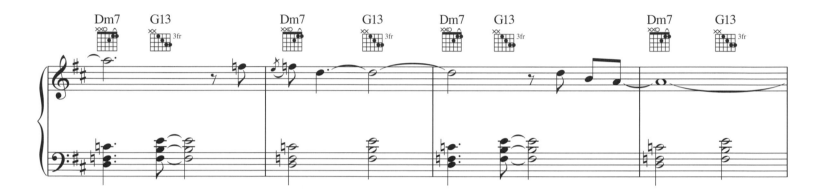

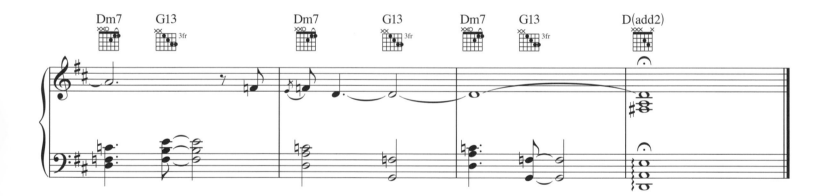

Portuguese Lyrics

Vou te contar, os olhos já não podem ver,
Coisas que só o coração pode entender.
Fundamental é mesmo o amor,
É impossível ser feliz sozinho.

O resto é mar, é tudo que não sei contar.
São coisas lindas, que eu tenho pra te dar.
Vem de mansinho abrisa e mediz,
É impossível ser feliz sozinho.

Da primeira vez era a cidade,
Da segunda o cais e a eternidade.

Agora eu já sei, da onda que se ergueu no mar,
E das estrelas que esquecemos de contar.
O amor se deixa surpreender,
Enquanto a noite vem nos envolver.

DESAFINADO
(Off Key)

English Lyric by GENE LEES
Original Text by NEWTON MENDONCA
Music by ANTONION CARLOS JOBIM

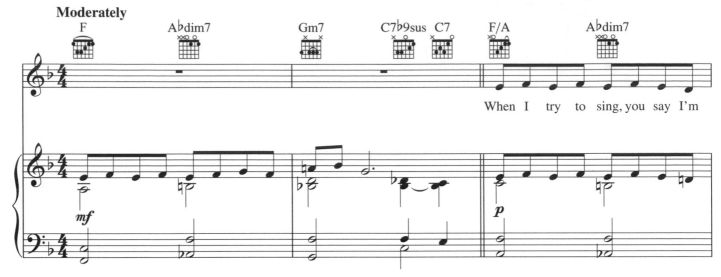

When I try to sing, you say I'm

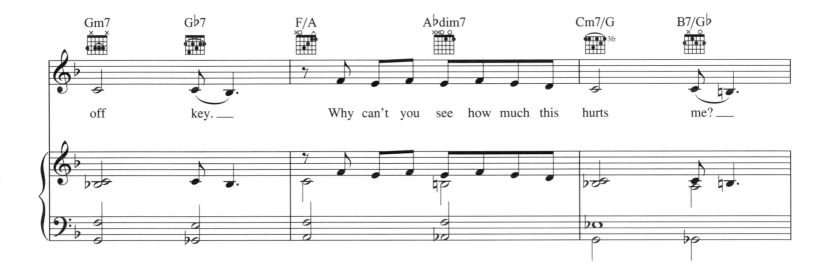

off key. ___ Why can't you see how much this hurts me? ___

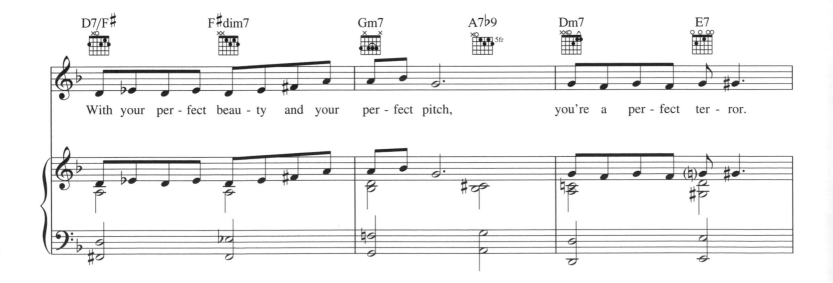

With your per-fect beau-ty and your per-fect pitch, you're a per-fect ter-ror.

Bossa Nova tempo

When I come a - round, must you al - ways put me down? If you say my sing -
Se vo - cê dis - ser

- ing is off key, my love,
que eu de - sa - fi - no a - mor

you will hurt my feel - ings, don't you see, my love?
Sai - ba que is-to em mim pro - vo - ca i - men - sa dôr

I wish I had an ear like yours, a voice
Só pri - vi - le - gi - a dos têm ou - vi -

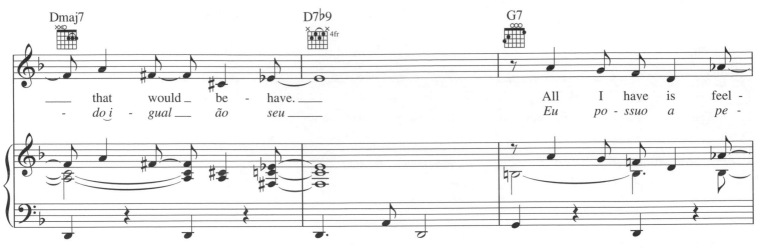

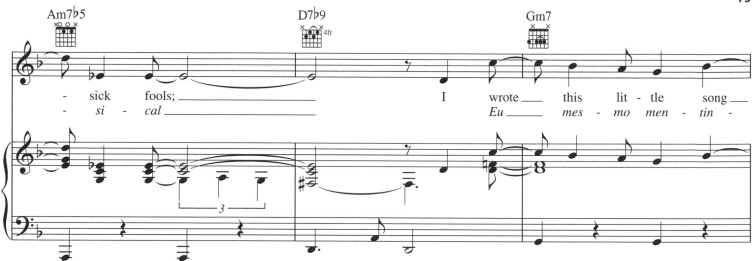

-sick fools; _____ I wrote _____ this lit-tle song _____
-si - cal _____ Eu _____ mes - mo men - tin -

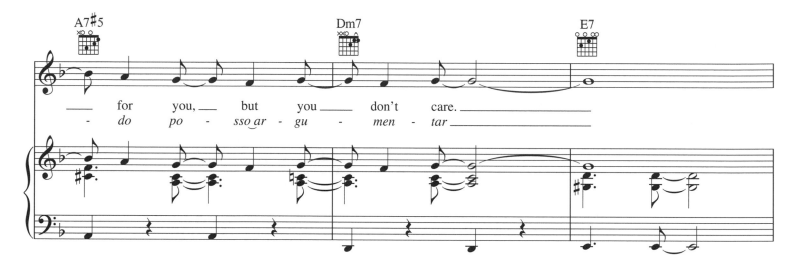

_____ for you, _____ but you _____ don't care. _____
- do po - sso ar - gu - men - tar _____

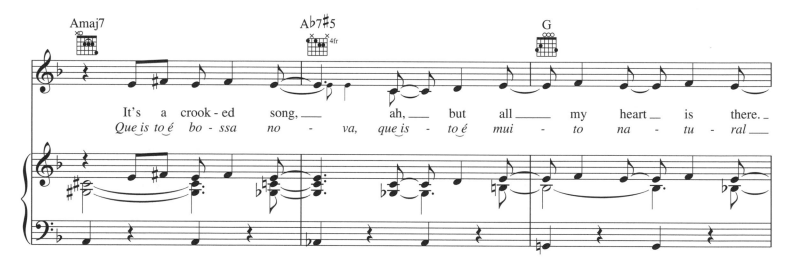

It's a crook-ed song, _____ ah, _____ but all _____ my heart _____ is there. _____
Que is to é bo - ssa no - va, que is - to é mui - to na - tu - ral _____

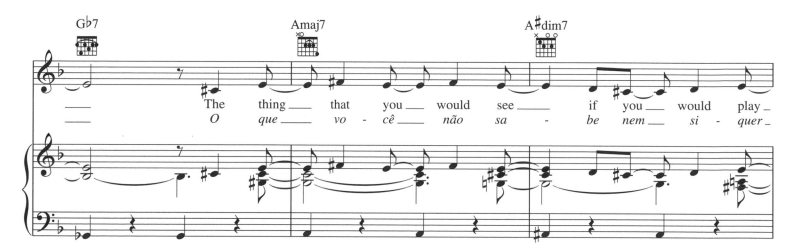

_____ The thing _____ that you _____ would see _____ if you _____ would play _____
_____ O que _____ vo - cê _____ não sa - be nem si - quer _____

your part _____ is e - ven if _____ I'm out
pre - ssente _____ é que os de - sa - fi - na -

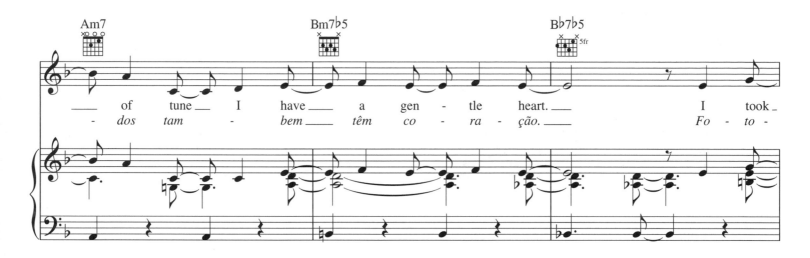

_____ of tune _____ I have _____ a gen - tle heart. _____ I took
- dos tam - bem _____ têm co - ra - ção. _____ Fo - to-

_____ your pic - ture with _____ my trust - y Rol - lei - flex. _____
- gra - fei _____ vo - cê _____ na mi - nha Rol - lei - flex. _____

_____ And now all I have _____ de - vel - oped is _____ a com -
re - ve - lou - se a su - a e - nor - me in - gra - ti - dão _____

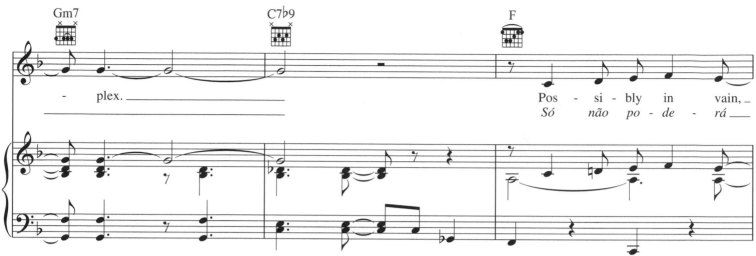

Gm7   C7♭9   F

-plex. _____ Pos - si - bly in vain, _

Só não po - de - rá _

G7♭5

_ I hope _ you weak - en, oh, _ my love. _

fa - lar _ a - ssim _ do meu _ a - mor _

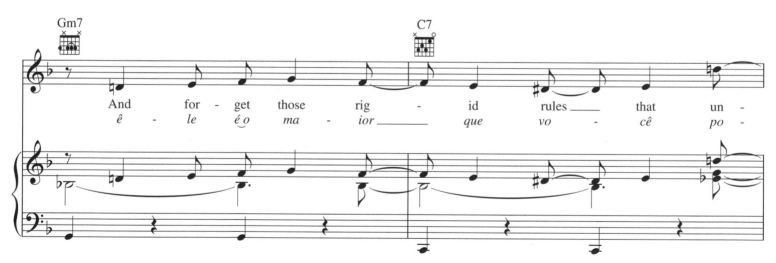

Gm7   C7

And for - get those rig - id rules _ that un -

ê - le é o ma - ior _ que vo - cê po -

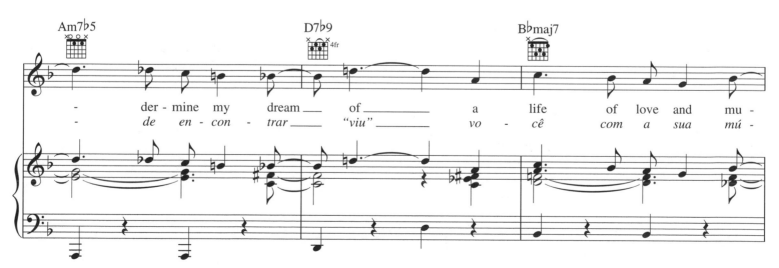

Am7♭5   D7♭9   B♭maj7

-der - mine my dream _ of _ a life of love and mu -

-de en - con - trar _ "viu" _ vo - cê com a sua mú -

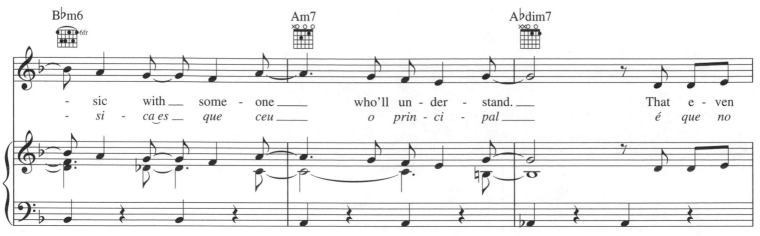

- sic with __ some - one __ who'll un - der - stand. __ That e - ven
- si - ca es __ que ceu __ o prin - ci - pal __ é que no

though I may be out of tune __ when I at - tempt to say how much I love _
pei - to dos de - sa - fi - na - dos no fun - do do pei - to ba - te ca - la -

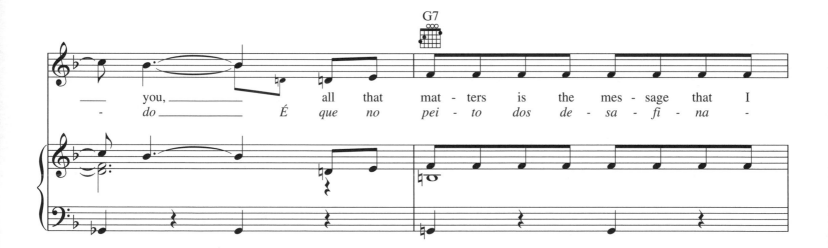

__ you, _____ all that mat - ters is the mes - sage that I
- do _____ É que no pei - to dos de - sa - fi - na -

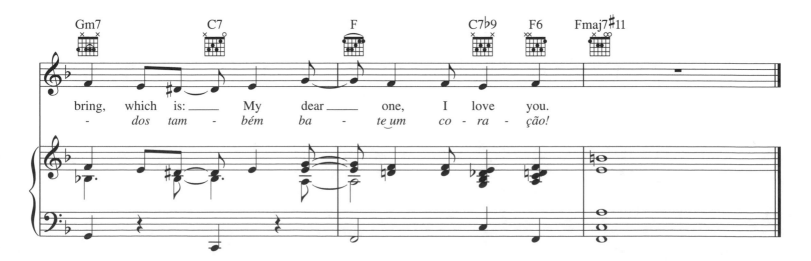

bring, which is: __ My dear __ one, I love you.
- dos tam - bém ba - te um co - ra - ção!

BONITA

Music by ANTONIO CARLOS JOBIM
English Lyrics by RAY GILBERT

Moderate Bossa Nova

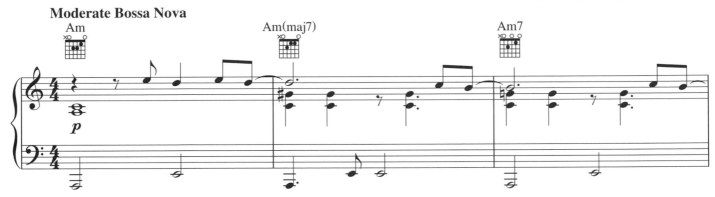

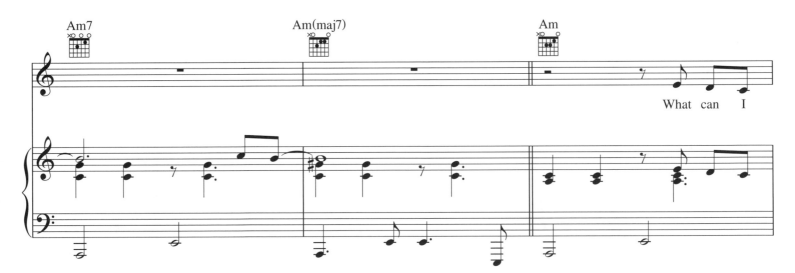

What can I

say _____ to you, _____ Bo - ni - ta?

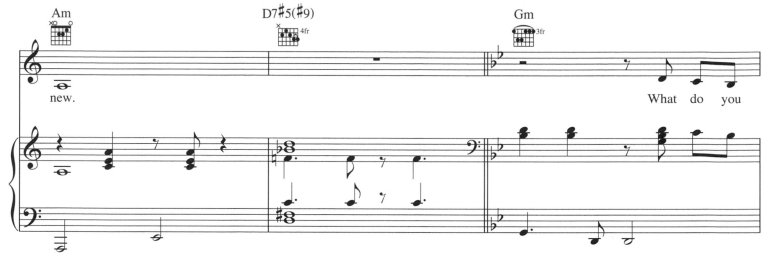

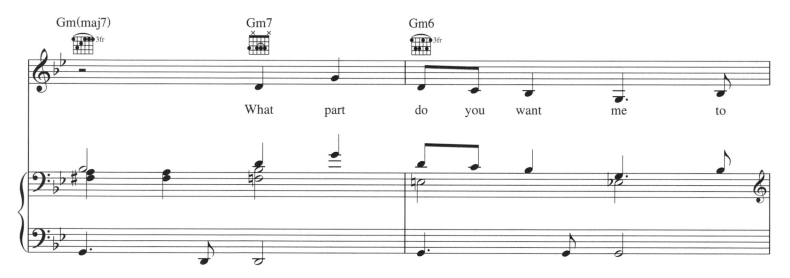

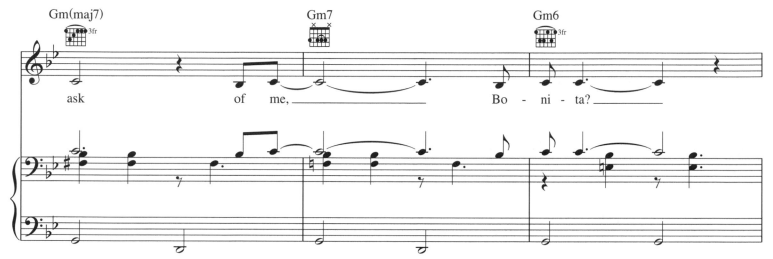

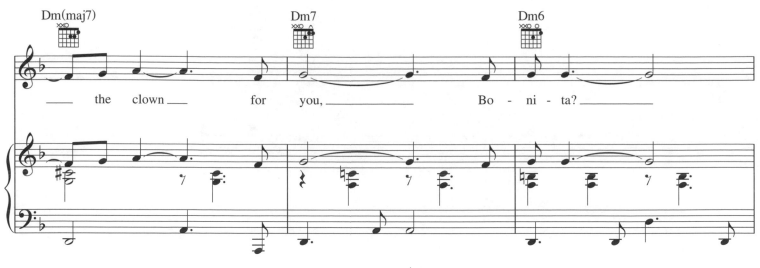

the clown ___ for you, ___ Bo - ni - ta? ___

I will be ___ an - y - thing you say.

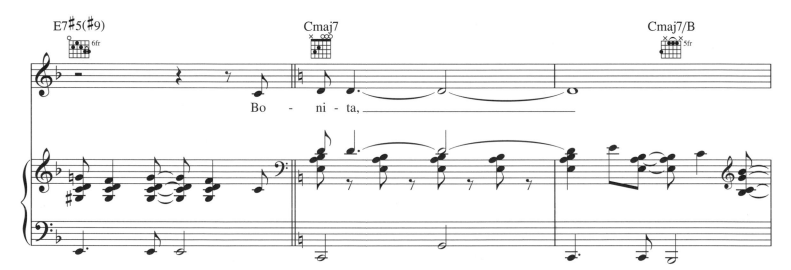

Bo - ni - ta, ___

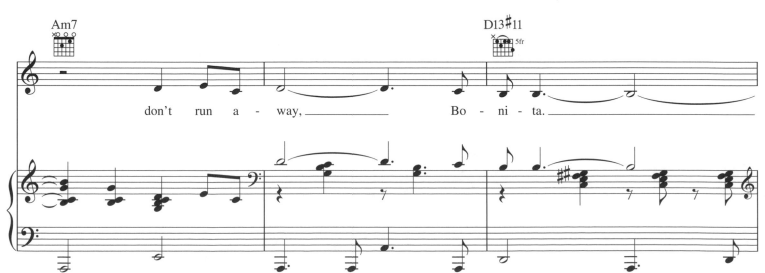

don't run a - way, ___ Bo - ni - ta.

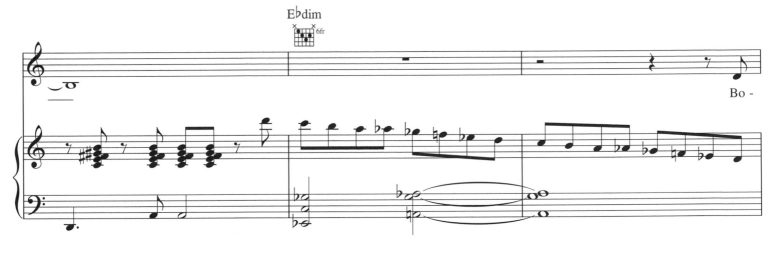

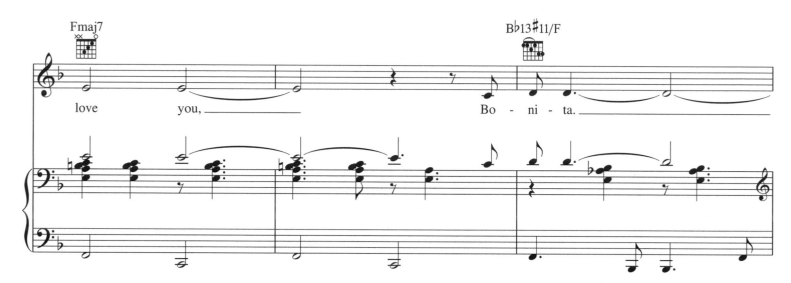

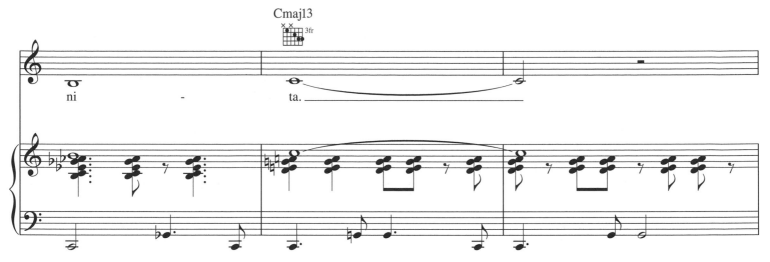

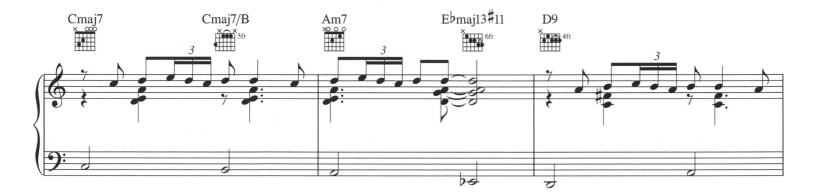

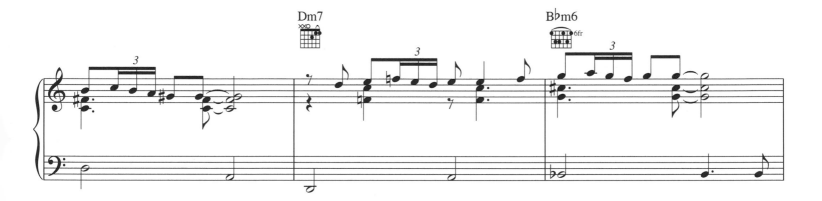

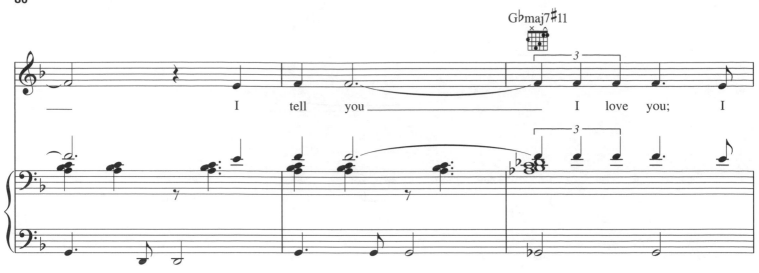

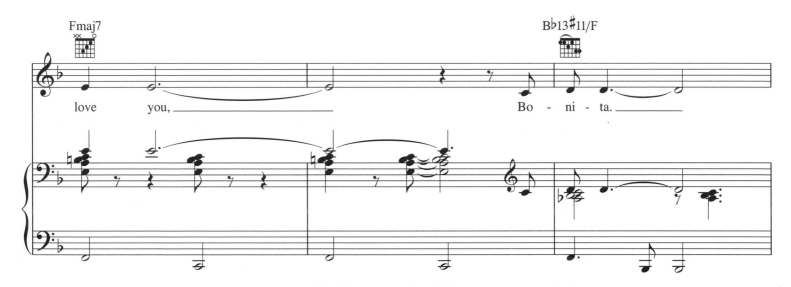

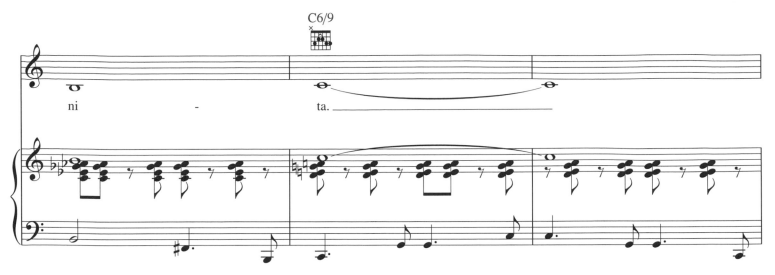

ni - ta. _____